Peace of Mind
BIBLE
WORD SEARCH

FREEDOM IN JESUS

Peace of Mind
BIBLE
WORD SEARCH

FREEDOM IN JESUS

LINDA PETERS

Good Books

New York, New York

Good Books books may be purchased in bulk at special discounts for sales promotion, corporate gifts, fund-raising, or educational purposes. Special editions can also be created to specifications. For details, contact the Special Sales Department, Good Books, 307 West 36th Street, 11th Floor, New York, NY 10018 or info@skyhorsepublishing.com.

Good Books is an imprint of Skyhorse Publishing, Inc.®, a Delaware corporation.

Visit our website at www.goodbooks.com.

10 9 8 7 6 5 4 3 2

Library of Congress Cataloging-in-Publication Data is available on file.

Print ISBN: 978-1-68099-799-6

Cover design by Joanna Williams
Cover image used under license from Shutterstock.com

Printed in China

Job 19:25-27

```
S D H S E L F R R R
H N E W O N K E M K
E W R S J K M B Z M
A O L A T E Y E S K
R L E M E R Y D S J
T N I D P Y O T M E
D L E V S Y A Y A J
B R G K E N T R E B
T O I M D S T Y P D
D N Z Y M H P N T B
```

I <u>know</u> that my <u>redeemer</u> <u>lives</u>,
and that in the <u>end</u> he will <u>stand</u> on
*   the <u>earth</u>.*
And after my <u>skin</u> has been <u>destroyed</u>,
yet in my <u>flesh</u> I will see <u>God</u>;
I myself will see him
with my <u>own</u> <u>eyes</u>—I, and not another.
How my <u>heart</u> <u>yearns</u> within me!

KNOW	DESTROYED
REDEEMER	FLESH
LIVES	GOD
END	OWN
STAND	EYES
EARTH	HEART
SKIN	YEARNS

Psalm 34:18-19

```
B J L L Y N Y J T W G J L M
R R Y Q V R G K Y E J J S T
E E O L M S M B M D B U T L
S N A K E G L I E L O M L X
C W T C E J T H D E L Q Y D
U J A R H S S T T P D M Y
E F R M O U H H P C O M E S
S L B J R U G E C I L J R T
Y Z D C M I B K A L R B R D
R L V R R J L L Z R O I W R
M R W D D D N M E D T S T L
R A Y B N Q B N R S L E E S
N P N R J L L O R Y X Y D B
T M Q Y R Q L X W T D L G T
```

The <u>Lord</u> is <u>close</u> to the <u>brokenhearted</u>;
he <u>rescues</u> those whose <u>spirits</u>
*   are <u>crushed</u>.*
The <u>righteous</u> person <u>faces</u> <u>many</u>
*   <u>troubles</u>,*
but the Lord <u>comes</u> to the rescue
*   <u>each</u> <u>time</u>.*

LORD	FACES
CLOSE	MANY
BROKENHEARTED	TROUBLES
RESCUES	COMES
SPIRITS	EACH
CRUSHED	TIME
RIGHTEOUS	

Psalm 69:33-35a

```
T P D T P R J E J G D K Q D
N N Q V M E Z J S E O G N T
Y M O V E V Q E S I X D X L
E V I T P A C P L Y A N X D
H V R V Q S I K V P D R D V
D E D D V S B R L R O E P J
R D A L E H E A R S H E E Q
O Y N V I Y Z J Y T Y H P N
L D Y L E U Y I R V A K N R
D Y K R N N B A O D N N S T
K Q J Z T Z E E U N M E P Y
M X Y M D W Y J R X A M N N
N P D Y Z J L Y M S M N V R
```

The <u>Lord</u> <u>hears</u> the <u>needy</u>
and does not <u>despise</u> his <u>captive</u> people.
Let <u>heaven</u> and <u>earth</u> <u>praise</u> him,
the <u>seas</u> and all that <u>move</u> in them,
for <u>God</u> will <u>save</u> <u>Zion</u>
and <u>rebuild</u> the cities of <u>Judah</u>.

LORD	PRAISE
HEARS	SEAS
NEEDY	MOVE
DESPISE	GOD
CAPTIVE	SAVE
PEOPLE	ZION
HEAVEN	REBUILD
EARTH	JUDAH

Psalm 91:14-15

```
D E L I V E R M D J T S D
A P D N W N Z E T K E Y M
N C R B L M L N E G X D K
S A N K W B R U D D J L T
W L M K U M C E E W R C L
E L D O Y S L S N R E Z D
R D R X E W U Y T T Y W G
R T T R O A D L O J Y B M
M T Z N C R H R O D T M Z
M J K E O W P O Q V E Z B
G C B L Y T K V N M E Y L
A P Y T X M T G A O K S X
B Y B K Y R J N G X R J T
```

"*Because* he *loves* me," says the *Lord*,
   "I will *rescue* him;
I will *protect* him, for he *acknowledges*
   my *name*.
He will *call* on me, and I will *answer* him;
I will be with him in *trouble*,
I will *deliver* him and *honor* him."

BECAUSE	NAME
LOVES	CALL
LORD	ANSWER
RESCUE	TROUBLE
PROTECT	DELIVER
ACKNOWLEDGES	HONOR

Psalm 107:13-14

```
T B R O K E V Y S
D A R K N E S S W
T S L O X L E N B
R A C J U R O T P
O V Y H T G D R R
U E A S A E H E D
B D I W I I T T M
L D M R A T N R G
E W C B U Y P S T
```

Then they <u>cried</u> to the <u>Lord</u> in their
<u>trouble</u>,
and he <u>saved</u> them from their <u>distress</u>.
He <u>brought</u> them out of <u>darkness</u>, the
<u>utter</u> darkness,
and <u>broke</u> <u>away</u> their <u>chains</u>.

CRIED	DARKNESS
LORD	UTTER
TROUBLE	BROKE
SAVED	AWAY
DISTRESS	CHAINS
BROUGHT	

Psalm 107:15-16

```
N Z P R L T T J N S W D V Y W
G Q N J Y Y T Y R T M M M L M
J W G K J H A T N R T X T N
T D K N A R B D T G Q T T R B
B R N N I D E E D S G P M R K
L X K O Q L S W G D W I W R Y
U S T R T K I M R T Y L V D R
F N W I A G M A N K I N D E M
R N N E A V H R F G L N W O D
E N R T G M B G B N D O Y Y R
D B E S T U C R U T U R V X M
N S W P K R O K W O G N O E X
O M Q R Z N M N P B R D D L K
W R L L Z Q D Y K R Z H J V Y
Q P J E M X W L J R T J T D N
```

Let them <u>give</u> <u>thanks</u> to the <u>Lord</u> for his
<u>unfailing</u> <u>love</u>
and his <u>wonderful</u> deeds for <u>mankind</u>,
for he <u>breaks</u> <u>down</u> <u>gates</u> of <u>bronze</u>
and <u>cuts</u> <u>through</u> <u>bars</u> of <u>iron</u>.

GIVE	BREAKS
THANKS	DOWN
LORD	GATES
UNFAILING	BRONZE
LOVE	CUTS
WONDERFUL	THROUGH
DEEDS	BARS
MANKIND	IRON

Psalm 118:5-7a

```
Y A P E O P L E R
E M N L O R D S Q
S P T S E W S B P
M E R E W E H L D
S E R A R E R A L
H F R T Y A R L T
T E S E E E F E T
T I L F T T D O D
D P V P V M V B R
```

In my _distress_ I _prayed_ to the _Lord_,
and the Lord _answered_ me and _set_
  me _free_.
The Lord is _for_ me, so I will have no _fear_.
What can _mere_ _people_ do to me?
Yes, the Lord is for me; he will _help_ me.

DISTRESS	FEAR
PRAYED	WHAT
LORD	MERE
ANSWERED	PEOPLE
SET	YES
FREE	HELP
FOR	

Isaiah 4:2

```
R V B S Y X T M L T X D
H Q S R U H W U R Z T X
C G Z R A O F P R I D E
N L L T O I I R D T L B
A O X O T V N R I A N Y
R R L U R Y I U O R Y R
B Y A E W D R V R L G T
T E Z L A F R Y R M G Z
B B A Z N X Q K U Z N
L N R R P V S Q X K S K
D P Y Y M R G I J G V B
```

In that day the Branch of the Lord will be beautiful and glorious, and the fruit of the land will be the pride and glory of the survivors in Israel.

THAT	FRUIT
DAY	LAND
BRANCH	PRIDE
LORD	GLORY
BEAUTIFUL	SURVIVORS
GLORIOUS	ISRAEL

Isaiah 9:2

```
D T X N B H J D O D
D E K L A W A H J D
P M V V I R W S T J
J E E I K G H T Y M
T R O N L I H V Z D
Q H E P N G L T E Y
Y S O E L A R E Y B
S E D S N E P E G P
Q E T D E Q J Q A T
K N Z D Y K N L D T
```

The people who walked in darkness
have seen a great light;
those who lived in a land of deep
   darkness—
on them light has shined.

PEOPLE	LIGHT
WHO	THOSE
WALKED	LIVED
DARKNESS	LAND
HAVE	DEEP
SEEN	SHINED
GREAT	

Isaiah 9:6

```
D G G M I G H T Y Y G L X
S H O U L D E R S N R O B
R W D V T D N G I Y R J G
E J O S E D P T T O Y D Y
H Y E N E R S E L N P K M
T R O L D A N E A R D D R
A S L G L E S M I C C J B
F A L R I N N E H E Y L
C B E N U V C F I N T M D
L V M O N E E L U W T D M
E B C R B J D N T L B P Z
```

For a _child_ is _born_ to us,
a _son_ is _given_ to us.
The _government_ will _rest_ on his
　shoulders.
And he will be _called_:
Wonderful Counselor, _Mighty_ God,
Everlasting Father, _Prince_ of Peace.

CHILD	WONDERFUL
BORN	COUNSELOR
SON	MIGHTY
GIVEN	GOD
GOVERNMENT	EVERLASTING
REST	FATHER
SHOULDERS	PRINCE
CALLED	PEACE

Isaiah 25:7-8a

```
M Y T B M Y X P L R R Y K P
N O M B R E V E R O F J D T
X M U N M R L O Y L M U Z N
D N M N Q Q T P P T O Y S V
Y A J G T R M L W R D N Q X
O M E T S A C E H J O S W G
R Z Y R X K I S M I W L Z M
T R V J P N K N T A A B G B
S H E E T S W A L D Y L Y J
E M D V D P N L M Q E D L T
D J B J O P O D W R R A R X
T L J M K W Z K J G R X T K
W N L T Q J B B B W N B B J H
```

And he will <u>destroy</u> on this <u>mountain</u> the <u>shroud</u> that is <u>cast</u> <u>over</u> <u>all</u> peoples, the <u>sheet</u> that is <u>spread</u> over all <u>nations</u>; he will <u>swallow</u> up <u>death</u> <u>forever</u>.

DESTROY	SHEET
MOUNTAIN	SPREAD
SHROUD	NATIONS
CAST	SWALLOW
OVER	DEATH
ALL	FOREVER
PEOPLES	

Isaiah 25:8b

```
F E W A W A Y E
A A I G O D C N
C R P N M A E Y
E T E E R K S Z
S H K G O R D D
L A S P A P R L
T I S E Y O L Y
D L T M L A X E
```

Then the Lord God *will* wipe away *the*
tears *from* all faces,
and the disgrace *of his* people *he will*
take *away from*
all the earth,
for the Lord has spoken.

LORD	FACES
GOD	DISGRACE
WIPE	PEOPLE
AWAY	TAKE
TEARS	EARTH
ALL	SPOKEN

Isaiah 42:1, 4

```
T  J  T  T  D  M  G  W  N  X  D  T  J  Y
E  S  U  F  T  G  D  E  L  I  G  H  T  S
A  L  E  S  A  E  A  R  T  H  J  N  T  D
C  N  X  R  T  I  R  L  N  B  Z  Q  E  N
H  M  M  M  V  I  N  R  M  R  T  H  E  T
I  P  P  N  Z  A  C  T  M  K  S  S  G  L
N  M  Q  T  A  T  N  E  N  U  O  D  U  Q
G  P  W  B  I  T  B  T  R  H  L  O  Z  N
P  T  A  R  J  D  I  C  C  O  S  G  P  D
T  D  I  X  M  N  T  O  H  Q  N  Z  W  N
N  P  T  Y  M  R  T  P  N  I  T  J  K  B
S  P  L  M  Z  T  U  W  R  S  J  T  L  M
V  R  M  Z  M  J  Y  B  N  N  N  V  T  X
```

*Here is my <u>servant</u>, whom I <u>uphold</u>,
my <u>chosen</u>, in whom my <u>soul</u> <u>delights</u>;
I have put my <u>spirit</u> upon him;
he will <u>bring</u> forth <u>justice</u> to the <u>nations</u>.
He will not grow <u>faint</u> or be <u>crushed</u>
until he has established justice in the <u>earth</u>;
and the coastlands <u>wait</u> for his <u>teaching</u>.*

SERVANT	JUSTICE
UPHOLD	NATIONS
CHOSEN	FAINT
SOUL	CRUSHED
DELIGHTS	EARTH
SPIRIT	WAIT
BRING	TEACHING

Isaiah 51:5

```
G P J D I S T A N T M
N S O U M G N O R T S
I A D W S E I T I A W
M Z T N E T R H O P E
O G O I A R I C L J N
C O N V O L F C Y L T
S Y L I A N O U E Q P
Y A L D R D S O L P L
S J M D M B Z R K L M
```

"My <u>mercy</u> and <u>justice</u> are <u>coming</u> <u>soon</u>.
My <u>salvation</u> is on the way.
My <u>strong</u> <u>arm</u> will <u>bring</u> justice to
*   the <u>nations</u>.*
All <u>distant</u> <u>lands</u> will <u>look</u> to me
and <u>wait</u> in <u>hope</u> for my <u>powerful</u> arm."

MERCY	NATIONS
JUSTICE	DISTANT
COMING	LANDS
SOON	LOOK
SALVATION	WAIT
STRONG	HOPE
ARM	POWERFUL
BRING	

Isaiah 52:2-3

```
Y K N D E Y N R Q J M R G
T O R O E K E O E T M D M
D O U N T T A R I K J J B
L E O R H H U H C Z G D J
L M M G S S I A S B Y R Q
J O U E A E P N O G Q Z N
Y A O L E T L N G N W J M
D L E S I D D F E S I R B
M M G V E S E C M D L O S
R K E N D T K R T S U D T
```

Shake yourself from the dust, rise up,
O captive Jerusalem;
loose the bonds from your neck,
O captive daughter Zion!

For thus says the Lord: You were sold
for nothing, and you shall be redeemed
without money.

SHAKE	NECK
YOURSELF	DAUGHTER
DUST	ZION
RISE	LORD
CAPTIVE	SOLD
JERUSALEM	NOTHING
LOOSE	REDEEMED
BONDS	MONEY

Isaiah 52:10

```
S E M J R D K K Y
A E Z S R L B W M
L S N O I T A N J
V D L H E G J L G
A D M E O N H O V
T X E A Y L D T D
I B R R L Y Y S W
O M T T A L V M D
N M R H L B P T T
```

The <u>Lord</u> has <u>bared</u> His <u>holy</u> <u>arm</u>
In the <u>sight</u> of <u>all</u> the <u>nations</u>,
So that all the <u>ends</u> of the <u>earth</u> may <u>see</u>
The <u>salvation</u> of our <u>God</u>.

LORD	NATIONS
BARED	ENDS
HOLY	EARTH
ARM	SEE
SIGHT	SALVATION
ALL	GOD

Isaiah 61:1

```
N G I E R E V O S K D D D
P D M D M P C T M Z D E L
S R Z W O V I O Q L T M D
E D I O P R L D M R N E D
V E R S I R E Y A F S T S
I E P P O T O E L A O W L
T R S R N N H C E R E R Z
P F L I D N E L L N R K T
A R O Y E O E R Q A T M V
C N L K Q R O G S X I X R
A W O V R R T G K Y N M Y
N R R L J Y P T R R J T V
B G D Y R Q J J L G Q B Y
```

The *Spirit* of the *Sovereign* *Lord* is
  upon me,
for the Lord has *anointed* me
to bring *good* *news* to the *poor*.
He has sent me to *comfort* the
  brokenhearted
and to *proclaim* that *captives* will
  be *released*
and *prisoners* will be *freed*.

SPIRIT	PROCLAIM
SOVEREIGN	CAPTIVES
LORD	RELEASED
ANOINTED	PRISONERS
GOOD	FREED
NEWS	
POOR	
COMFORT	
BROKENHEARTED	

Jeremiah 23:5

```
T Q T Y L G V W R G E R
S U O E T H G I R X E C
L A E D D Z T V E C O T
Z M M B V Y Y C I M G R
H N R K Y L U T I Q E R
D C Y G E T S N K I N G
A J N S E U G Y G S M P
V D I A J R L N Y R Q G
I W R L R E A A W L J D
D B A O R B D I D B G P
P N L U L Y K D S G M M
D Q S M K G G T N E Z P
```

The <u>days</u> are <u>surely</u> <u>coming</u>, says the <u>Lord</u>, when I will <u>raise</u> up for <u>David</u> a <u>righteous</u> <u>Branch</u>, and he shall <u>reign</u> as <u>king</u> and <u>deal</u> <u>wisely</u>, and shall <u>execute</u> <u>justice</u> and righteousness in the <u>land</u>.

DAYS	REIGN
SURELY	KING
COMING	DEAL
LORD	WISELY
RAISE	EXECUTE
DAVID	JUSTICE
RIGHTEOUS	LAND
BRANCH	

Jeremiah 23:6

```
H M W E Y N D N Y Y W R J R
A D Z V D W N N S Z R M I K
D Y E I W J I A D Q J G D M
U X N L T T F L Z W H I C H
J X M N L E R Y L T L D B Y
L T D Y T A P J E E E J T M
G Q Y Y L Z C O A V G Z Y R
T Y X P R M U R A L Z K M B
N X D P X S S S D T O Y M B
T K M M N I L N N A T R R J
Z M D E Z D Z Y P A Y L D B
Z L S D Q N Y P W B M S X N
D S R Y L N R V D Y L E T D
```

In his <u>days</u> <u>Judah</u> <u>will</u> be <u>saved</u> and <u>Israel</u> will <u>live</u> in <u>safety</u>. And this is the <u>name</u> by <u>which</u> he will be <u>called</u>: "The <u>Lord</u> is our <u>righteousness</u>."

DAYS	SAFETY
JUDAH	NAME
WILL	WHICH
SAVED	CALLED
ISRAEL	LORD
LIVE	RIGHTEOUSNESS

Micah 5:4-5a

```
H D Z N L F E V W Z L V Z
T R K Y L M Z N Y V Z X T
G O Y O A K X X T G G J L
N L C N A H L R G A N N J
E K T M S R T D E R E Y Q
R L B Q A H I R T M B R J
T O N E T J E S A Y A N G
S E C A E P E P E E Y I M
D B T L Y L N S H P J T N
Z Y T R T D D D T E L Y R
R T M J X T S L G Y R M Y
J X Q L N Q Y Z B R T D B
```

And He will <u>arise</u> and <u>shepherd</u> His <u>flock</u>
In the <u>strength</u> of the <u>Lord</u>,
In the <u>majesty</u> of the <u>name</u> of the Lord
  His God.
And they will <u>remain</u>,
Because at that time He will be <u>great</u>
To the <u>ends</u> of the <u>earth</u>.
This <u>One</u> will be our <u>peace</u>.

ARISE	REMAIN
SHEPHERD	GREAT
FLOCK	ENDS
STRENGTH	EARTH
LORD	ONE
MAJESTY	PEACE
NAME	

Zechariah 9:9

```
M S U O E T H G I R Q T Y
R E S A L V A T I O N N W
E T L T T G R E A T L Y N
T D Z A Z N C Y E K N O D
H C L I S I C O M I N G Y
G O Q O O U T R I U M P H
U L L J H N R H U M B L E
A T E N J E Y E S H O U T
D R G N I K B D J L R X N
```

Rejoice greatly, daughter of Zion!
Shout in triumph, daughter of Jerusalem!
Behold, your king is coming to you;
He is righteous and endowed with
   salvation,
Humble, and mounted on a donkey,
Even on a colt, the foal of a donkey.

REJOICE   KING
GREATLY   COMING
DAUGHTER   RIGHTEOUS
ZION   SALVATION
SHOUT   HUMBLE
TRIUMPH   DONKEY
JERUSALEM   COLT
BEHOLD

Malachi 4:2

```
S S E N S U O E T H G I R
G C W X Z H E A L I N G J
N A I T D K E R E Y O J G
I L N P I R A S R E J M D
P V G L U E I J E W M B V
A E S T F R N R I O U T B
E S S U E D F L P Q J N N
L A Z M N M L P N M R M D
P T A Z L K Q Y K N Y T J
B N R M D V Z V R G D Y Q
```

"But for you who <u>fear</u> my <u>name</u>, the <u>Sun</u> of <u>Righteousness</u> will <u>rise</u> with <u>healing</u> in his <u>wings</u>. And you <u>will</u> go <u>free</u>, <u>leaping</u> with <u>joy</u> <u>like</u> <u>calves</u> let <u>out</u> to <u>pasture</u>."

FEAR	FREE
NAME	LEAPING
SUN	JOY
RIGHTEOUSNESS	LIKE
RISE	CALVES
HEALING	OUT
WINGS	PASTURE
WILL	

Matthew 10:7-8

```
M H B L S N O M E D R W J
O E E M E M B Y N A J D Y
D A K G Y P C B I L W Z L
G V P D A L R S Y J Z W J
N E Q R E S E O P Y N X W
I N Q A O V S E S M D N G
K E N J D C I E R Y L W Y
L S M A Y G L E M F R L V
E A E O N I J A C K C I S
T D E Z C V R Q I E X T M
J L Y H T E T W P M R M Q
```

"As you go, <u>proclaim</u> this <u>message</u>: 'The <u>kingdom</u> of <u>heaven</u> has <u>come</u> near.' <u>Heal</u> the <u>sick</u>, <u>raise</u> the <u>dead</u>, <u>cleanse</u> those who have <u>leprosy</u>, drive out <u>demons</u>. <u>Freely</u> you have <u>received</u>; freely <u>give</u>."

PROCLAIM	DEAD
MESSAGE	CLEANSE
KINGDOM	LEPROSY
HEAVEN	DEMONS
COME	FREELY
HEAL	RECEIVED
SICK	GIVE
RAISE	

Matthew 11:28-30

```
H T F I N D S B G T
U R L R T O U E C B
M A A L U R N O Y G
B E W L D T M V R P
L H S E L E T S E R
E E N E A T H G I L
Q E K T A R E K O Y
D R J A X S Y D B M
M Y D J T Q Y K W Y
```

"Come to me, all you who are weary and burdened, and I will give you rest. Take my yoke upon you and learn from me, for I am gentle and humble in heart, and you will find rest for your souls. For my yoke is easy and my burden is light."

COME	GENTLE
WEARY	HUMBLE
BURDENED	HEART
REST	FIND
TAKE	SOULS
YOKE	EASY
LEARN	LIGHT

Mark 5:27-29

```
G C L O T H E S X D Q
N B N D E D D Y D X T
I M L A E X W N D O Y
R R R E M P I O U O J
E D B Y E H P C R E B
F H K C E D H O S C L
F D E B L E I U T X J
U T E A D O S N J S Z
S R L E L N A R G B J
R G L E R E L K V N R
L Y Y K F F D Y V K L
```

When she <u>heard</u> about <u>Jesus</u>, she came up <u>behind</u> him in the <u>crowd</u> and <u>touched</u> his <u>cloak</u>, because she thought, "If I just touch his <u>clothes</u>, I will be <u>healed</u>." Immediately her <u>bleeding</u> <u>stopped</u> and she <u>felt</u> in her <u>body</u> that she was <u>freed</u> from her <u>suffering</u>.

HEARD
JESUS
BEHIND
CROWD
TOUCHED
CLOAK
CLOTHES

HEALED
BLEEDING
STOPPED
FELT
BODY
FREED
SUFFERING

Mark 5:33-34

```
H S D M P Q K Z T P X D
E Y U E T N D R N N B R
A R A F O R E R A E F J
L C E W F M U M B H N D
E V I T B E O T T R L G
D N E L H W R I H F L Q
G E I L T G A I E M A C
T N E E O F U L N Q L G
G N E R W H L A R G N N
Q F N J F D W M D P D Y
```

Then the <u>woman</u>, <u>knowing</u> what had happened to her, <u>came</u> and <u>fell</u> at his <u>feet</u> and, <u>trembling</u> with <u>fear</u>, told him the <u>whole</u> <u>truth</u>. He said to her, "<u>Daughter</u>, your <u>faith</u> has <u>healed</u> you. Go in <u>peace</u> and be <u>freed</u> from your <u>suffering</u>."

WOMAN	TRUTH
KNOWING	DAUGHTER
CAME	FAITH
FELL	HEALED
FEET	PEACE
TREMBLING	FREED
FEAR	SUFFERING
WHOLE	

Luke 2:11-12

```
M D L R Y G C G N B Y D R
P K D V Y L N L N W O T D
D N X E S A V I O R L R D
Y M M H P N W J Y T T Z N
R P J G A P B Y L L H R T
Y L L D L I A B D J N S R
D K T O D D S R V X L E P
I L R F O Y R S W N G N M
V D I T B L R M E N G X D
A N D A B L P Q A M J I K
D M B K P Y Y M Z R Y X S
```

"Today in the town of David a Savior has been born to you; he is the Messiah, the Lord. This will be a sign to you: You will find a baby wrapped in cloths and lying in a manger."

TODAY	SIGN
TOWN	FIND
DAVID	BABY
SAVIOR	WRAPPED
BORN	CLOTHS
MESSIAH	LYING
LORD	MANGER

Luke 4:18-19

```
M G Y L J K J L R M P M T L
O D E S S E R P P O N T T K
D W X A J P W L V J Y E P T
E G B R N W K X J M R R W M
E T N T M O Z S Q B O L J S
R H T B Q L I T P C P Y R P
F G B L I N D N L I R T R Q
A I N G G R M A T E R I J W
V S Q O O M I V C E S I Z Q
O K O O W M D O M O D K T L
R D P R J N V V N M N Z N T
Y B R G B E Q E K Z T G Q W
B R R O R N R P T B X T K J
D P N Y L S Y L J Y R T L G
```

*"The <u>Spirit</u> of the <u>Lord</u> is on me,
because he has <u>anointed</u> me
to <u>proclaim</u> <u>good</u> <u>news</u> to the <u>poor</u>.
He has sent me to proclaim <u>freedom</u> for
  the <u>prisoners</u>
and <u>recovery</u> of <u>sight</u> for the <u>blind</u>,
to set the <u>oppressed</u> free,
to proclaim the year of the Lord's <u>favor</u>."*

SPIRIT
LORD
ANOINTED
PROCLAIM
GOOD
NEWS
POOR

FREEDOM
PRISONERS
RECOVERY
SIGHT
BLIND
OPPRESSED
FAVOR

Luke 13:11-12

```
A I L M E N T C F L N Y M
D P V M Y M R R Q R E T Y
E V P J L I E V Y I M X N
L M M E P E S S G G P T L
L R Q P A R T H Z Y N L Q
A S L N A R T U N A B L E
C E P E A E E S Z S W B L
D M Y I E M T D U T N E B
Y R G N R A O S N N X Y K
P H M K N I E W L N L K X
T G R D Q J T W Q K G D M
```

And just then there <u>appeared</u> a <u>woman</u> with a <u>spirit</u> that had <u>crippled</u> her for <u>eighteen</u> <u>years</u>. She was <u>bent</u> over and was quite <u>unable</u> to <u>stand</u> up <u>straight</u>. When <u>Jesus</u> saw her, he <u>called</u> her over and said, "Woman, you are set <u>free</u> from your <u>ailment</u>."

APPEARED	UNABLE
WOMAN	STAND
SPIRIT	STRAIGHT
CRIPPLED	JESUS
EIGHTEEN	CALLED
YEARS	FREE
BENT	AILMENT

John 3:16-17

```
G D M X X R J D Y R T Z B Y
E O H B M B E L I E V E S D
Y T D S L V G Q B N C D E X
J X E D I W Y R M O B V D L
T M X R D R M Q N D A R T R
R D P N N V E D W S G H D T
D E M M L A E P T A T L W R
E L V Q V M L P V O J Y L V
O F R E N Y D E U M X T S K
N B I O O D J G L O V E D R
L L V L W H H B N J N N O S
Y P V B M T W Q P D K T Y L
```

"For <u>God</u> so <u>loved</u> the <u>world</u>, that he <u>gave</u> his <u>only</u> Son, that <u>whoever</u> <u>believes</u> in him should not <u>perish</u> but have <u>eternal</u> <u>life</u>. For God did not <u>send</u> his Son into the world to <u>condemn</u> the world, but in order that the world might be <u>saved</u> <u>through</u> him."

GOD	PERISH
LOVED	ETERNAL
WORLD	LIFE
GAVE	SEND
ONLY	CONDEMN
SON	SAVED
WHOEVER	THROUGH
BELIEVES	

John 6:35

```
Y L R T Q B M B R S D X
S I L B J V Z R E A W Q
E F D N Z J J M E N K G
V E R R X E O R T G K P
E T B E S C B L Q L X M
I Y X U V D H T T K Q V
L K S J B E H U G D X Q
E R L S N I O N N R Z R
B Y A R R R B H E G W B
G I Z S B G W V W I R G
D G T J W D E V L D X Y
X Y R D B N R L W R V L
```

Jesus _said_ to them, "I am the _bread_ of _life_. _Whoever_ _comes_ to me _will_ _never_ be _hungry_, and whoever _believes_ in me will never be _thirsty_."

JESUS	WILL
SAID	NEVER
BREAD	HUNGRY
LIFE	BELIEVES
WHOEVER	THIRSTY
COMES	

John 6:51

```
H B R D S T R L E J N M
S N R I L E C V E F I L
E N H E V R I A L N P L
L T W E A G O I M J N P
F Q R O J D V W Y E P R
B O S R D I H E A V E N
F L T E N O Y N A W Y J
Q I A G L N W M I X X R
L V E X B G Y L K V P X
G E D N W M L D N Q T Q
```

"I am the living bread that came down from heaven. If anyone eats of this bread, he will live forever. And the bread that I will give for the life of the world is my flesh."

LIVING	WILL
BREAD	LIVE
CAME	FOREVER
DOWN	GIVE
HEAVEN	LIFE
ANYONE	WORLD
EATS	FLESH
THIS	

John 8:12

```
D R T H G I L P E R O M D
E A M B Q G R M D Z B J X
W L R L B E C A U S E R V
O N P K I D Z K K L S P P
R S T O N F X B M U M P D
L D T L E E E K S E M Z W
D A B Z D P S E X Q C A W
W E M K B L J S F W L N E
L L X M T Y S O L K D V O
G Y Y L T Y L P Y X A D B
Z D Q Q X L T T O H J K B
X J P W O V R R N K V W G
P J R W D G V N J M E R B
```

Jesus spoke to the people once more and said, "I am the light of the world. If you follow me, you won't have to walk in darkness, because you will have the light that leads to life."

JESUS   FOLLOW

SPOKE   WALK

PEOPLE   DARKNESS

ONCE   BECAUSE

MORE   HAVE

LIGHT   LEADS

WORLD   LIFE

John 8:31-32

```
L M B Z J D K Y Y Y V N D
V L N Z E E B J L D T L Y
K B D E T P S L E T B B K
G X R I L E A U N W T X B
S F M P S E A X S P S E T
T A B Y R C P C K D Y D D
R Q I R P M I M H L M E N
U G J D P L K P X I V G J
T H T B K Q Z Y L E N M Z
H J O T W N L T I E W G M
X L N L J P O L H D S Z Y
M Y N Q D J E W M E Y Y N
Y M D X R B B J M T N D Q
```

To the <u>Jews</u> who had <u>believed</u> him, <u>Jesus</u> <u>said</u>, "If you <u>hold</u> to my <u>teaching</u>, you are <u>really</u> my <u>disciples</u>. <u>Then</u> you will <u>know</u> the <u>truth</u>, and the truth will <u>set</u> you <u>free</u>."

JEWS	DISCIPLES
BELIEVED	THEN
JESUS	KNOW
SAID	TRUTH
HOLD	SET
TEACHING	FREE
REALLY	

John 8:34-36

```
E V E R Y O N E M N W
S T N T G T P N N N P
L K J Y R R Q I S S R
A D P K N U A Y T O R
V V R V G M L I B E N
E D G L E L M Y V P E
T J J R A M H E R E N
S Q L E O X R O R D T
S E R C S O R F U Q D
M I T N F U R X Y S J
N T N S N K S M N Q E
```

Jesus answered them, "Truly, _truly_ I say to you, _everyone_ who _commits_ _sin_ is a _slave_ of sin. Now the slave does not _remain_ in the _house_ _forever_; the _son_ does remain forever. So if the Son _sets_ you _free_, you _really_ will be free.

JESUS
TRULY
EVERYONE
COMMITS
SIN
SLAVE
REMAIN

HOUSE
FOREVER
SON
SETS
FREE
REALLY

John 10:9

```
H C O M E F B P D
G F T L I D A S K
U T R N J S A Y M
O H D E T V S Y V
R O D U E G W E R
H S R D W L A H Y
T E L W O I Y T O
S L Y V N O L X E
R L Z D Z M G L Q
```

Yes, I am the gate. Those who come in through me will be saved. They will come and go freely and will find good pastures.

YES	WILL
GATE	SAVED
THOSE	FREELY
WHO	FIND
COME	GOOD
THROUGH	PASTURES

John 10:10-11

```
A Q Q B C Y P Y M P N
T B M S L O O C E R D
H H U X H R M E A G W
I A T N T E H E N M Q
E V M S D S P O S Z E
F E E S L A K H N N J
L D G Z T N N L E L Q
J I T O W E L T A R Y
R D F O O I A L L Y D
L G D E K D L L V Y S
```

"The <u>thief</u> <u>comes</u> <u>only</u> to <u>steal</u> and <u>kill</u> and <u>destroy</u>. I <u>came</u> that they may <u>have</u> <u>life</u>, and have it <u>abundantly</u>. I am the <u>good</u> <u>shepherd</u>. The good shepherd <u>lays</u> <u>down</u> his life for the <u>sheep</u>."

THIEF	LIFE
COMES	ABUNDANTLY
ONLY	GOOD
STEAL	SHEPHERD
KILL	LAYS
DESTROY	DOWN
CAME	SHEEP
HAVE	

John 11:25-26

```
R G W W I L L D X T N N R
E R D X B Q I J L Y M J L
S D D D N E R R M I D M J
U E L Q L X V Y M M F D L
R Q V Y B J X S Z T M E N
R E D E E X A Q N B Y R T
E D V S R I H N J R R Q L
C R U E D Y L G B Z J Q L
T S E B I N O R U E P I T
I P S B L L E N M O V Z D
O D O D N V E D E E H E W
N N H J E L R B B K G T N
R V T N N T V R D N Y M L
```

Jesus said to her, "I am the resurrection and the life. Those who believe in me, even though they die, will live, and everyone who lives and believes in me will never die. Do you believe this?"

JESUS	THOUGH
SAID	DIE
RESURRECTION	WILL
LIFE	LIVE
THOSE	EVERYONE
BELIEVE	NEVER
EVEN	

John 14:6-7

```
E B T M L D T D W P N Z R
M Y J E S U S J W K R T T
O T B B T J V L A T R O J
C L H H T U R T Y R L F K
J Y N R Y Y E V E D A Q Q
D Z B R O X Y A L T D N R
G G Q B C U L L H X E T Z
N X X E Y L G E N E G K Q
M D P Q Y L R H S W R X N
M T X K N X I O X R O L D
Z D J N L N R F H Y X N R
R P X D Z N T K E W O G K
N L D M R B K N Z W K R N
```

Jesus _told_ him, "I am the _way_, the _truth_, and the _life_. No one can _come_ to the _Father_ _except_ _through_ me. If you had _really_ _known_ me, you would know _who_ my Father is. From _now_ on, you do know him and have _seen_ him!"

JESUS	EXCEPT
TOLD	THROUGH
WAY	REALLY
TRUTH	KNOWN
LIFE	WHO
COME	NOW
FATHER	SEEN

John 15:1-3

```
E T P F A T H E R A E B
G N Y R S F Y R G R M Q
A V I T O D R A T D R B
S P U V A D R U E R O M
S C R E E D U I I B D Z
E Y R U E P F C R T B Z
M L R N N I A A E E D L
A I E E R E N R U M V N
N R N U V C S R G Q X Z
V M P E H E T J G T L Z
```

"I am the true grapevine, and my Father is the gardener. He cuts off every branch of mine that doesn't produce fruit, and he prunes the branches that do bear fruit so they will produce even more. You have already been pruned and purified by the message I have given you."

TRUE
GRAPEVINE
FATHER
GARDENER
CUTS
EVERY
BRANCH
MINE

PRODUCE
FRUIT
PRUNES
BEAR
MORE
ALREADY
PURIFIED
MESSAGE

Acts 2:24

```
E L B I S S O P M I T D
F D D P N L Z N E D N Q
R B E P D X K S O H J G
E T R S M L U G A B H P
E T U B I A E V T T O L
D X T T C A I H A W J D
K L W E M N R E E X Z R
M J B R G M D R L L W T
```

But God raised him up, having freed him from death, because it was impossible for him to be held in its power.

BUT	DEATH
GOD	BECAUSE
RAISED	IMPOSSIBLE
HAVING	HELD
FREED	POWER

Acts 4:12

```
N M R Y R V N R E S L E
T O O H R E E P M G Y J
B Q I R E H D N E V I G
W G D T T A G N D R B T
V H S O A A V G U L P B
N U I M L V L E R T Y D
M A O C T M L S N N B N
L N M V H T S A V E D Y
G G X E J X D R S D N D
```

"There is <u>salvation</u> in no one <u>else</u>, for there is no <u>other</u> <u>name</u> <u>under</u> <u>heaven</u> <u>given</u> <u>among</u> <u>mortals</u> by <u>which</u> we <u>must</u> be <u>saved</u>."

SALVATION	GIVEN
ELSE	AMONG
OTHER	MORTALS
NAME	WHICH
UNDER	MUST
HEAVEN	SAVED

Acts 8:22-23

```
Y S T H G U O H T W
S E V I T P A C I M
U T V Z R P F C N R
O K D I R E K U E M
L L H A G E T P L E
A O Y E D R E T V L
E R N N L N O I I N
J D E G T D L F I B
X S Y T Y T R S N M
S R R Z J Q X P Q N
```

"*Repent* of your *wickedness* and *pray* to the *Lord*. Perhaps he will *forgive* your *evil* *thoughts*, for I can see that you are *full* of *bitter* jealousy and are *held* *captive* by *sin*."

REPENT	FULL
WICKEDNESS	BITTER
PRAY	JEALOUSY
LORD	HELD
FORGIVE	CAPTIVE
EVIL	SIN
THOUGHTS	

Acts 10:34-36

```
Y T P T M P J L J U Z
M T T R E R E E N Y A
E S I A E A F D S C P
S P C L R A E E C U L
S E P S A R C E A V S
A A I E S I P H N R E
G K B T T T T A I N S
E Q A H A E T R O N L
M N G B L I R Y A O G
D I L X O L N N R P W
R E R N G A A D D Y R
```

Then _Peter_ began to _speak_ to them: "I truly _understand_ that God shows no _partiality_, but in every _nation_ _anyone_ who _fears_ him and does what is _right_ is _acceptable_ to him. You know the _message_ he sent to the people of _Israel_, _preaching_ _peace_ by _Jesus_ Christ—he is _Lord_ of _all_."

PETER
SPEAK
UNDERSTAND
PARTIALITY
NATION
ANYONE
FEARS
RIGHT

ACCEPTABLE
MESSAGE
ISRAEL
PREACHING
PEACE
JESUS
LORD
ALL

Acts 13:38-39

```
J S D R K S K S Z N D S S M
Q U E Y Q I D L S E S U T Y
E Y S T M N T E E S Y P R
V P M T E S S R N E V N Z P
E T R I I O F E J S W Y P V
R T R O M F V X E W R L A W
Y F H J C I I V J E J Y R G
O M K R G L E C V G M V G L
N N T R O I A E A G M R W N
E M O J L U J I K T D T D Q
Q F L E Y B G R M J I B Y P
R M B W M J Y H B E X O Q X
D L J N R T D Y X V D Q N J
```

"Therefore, my <u>friends</u>, I want you to know that <u>through</u> Jesus the <u>forgiveness</u> of <u>sins</u> is <u>proclaimed</u> to you. Through him <u>everyone</u> who <u>believes</u> is <u>set</u> <u>free</u> from <u>every</u> sin, a <u>justification</u> you were not able to obtain under the <u>law</u> of <u>Moses</u>."

FRIENDS
THROUGH
JESUS
FORGIVENESS
SINS
PROCLAIMED
EVERYONE

BELIEVES
SET
FREE
EVERY
JUSTIFICATION
LAW
MOSES

Acts 15:10

```
Z S R T E L P R S Q G K
N J E K H U M R R P W T
T E O L T E O N E C K S
S Y I T I T N Q M X R R
E Y I T S T N W W M K W
T N H E H Y N A B L E L
G T C W M E N E N J M V
P N R A E B R O G O D N
A T T Y T K L N W L M L
```

Now then, why do you try to test God by putting on the necks of Gentiles a yoke that neither we nor our ancestors have been able to bear?

NOW	NECKS
THEN	GENTILES
WHY	YOKE
TRY	NEITHER
TEST	ANCESTORS
GOD	ABLE
PUTTING	BEAR

Romans 3:22b-24

```
D E I F I T S U J D G
Y S F A L L D Q I R N
L H J D T C X F A O W
E O B E H D F C I E P
E R G R S E E T J G Y
R T I L R U P N E M G
F S Y E O M S N N Q Y
T R N G E R T V W I J
D C O D M I Y L R R S
E D E N L T K L Q Q N
V R R E D B Q A B W T
```

There is no <u>difference</u> between <u>Jew</u> and <u>Gentile</u>, for <u>all</u> have <u>sinned</u> and <u>fall</u> <u>short</u> of the <u>glory</u> of <u>God</u>, and all are <u>justified</u> <u>freely</u> by his <u>grace</u> through the <u>redemption</u> that came by <u>Christ</u> <u>Jesus</u>.

DIFFERENCE	GOD
JEW	JUSTIFIED
GENTILE	FREELY
ALL	GRACE
SINNED	REDEMPTION
FALL	CHRIST
SHORT	JESUS
GLORY	

Romans 3:25a

```
D E Y X E L P O E P
E T C J E S U S B M
T H N I K L L G E D
N G E M F I N V B Y
E I H E F I E L D G
S R W E D I R O P W
E R N D L A O C P L
R X E E G L M S A B
P H B B B O N X I S
S X N N J V D Q N N
```

For <u>God</u> <u>presented</u> <u>Jesus</u> as the <u>sacrifice</u> for <u>sin</u>. <u>People</u> are <u>made</u> <u>right</u> with God <u>when</u> they <u>believe</u> that Jesus sacrificed his <u>life</u>, <u>shedding</u> his <u>blood</u>.

GOD	RIGHT
PRESENTED	WHEN
JESUS	BELIEVE
SACRIFICE	LIFE
SIN	SHEDDING
PEOPLE	BLOOD
MADE	

Romans 3:26b

```
R I G H T E O U S N E S S
N D V W G S Z B J P D Q D
B J M B T R I L R E G W J
E V E I L E B N M I H T B
T H G I R Q D O N E A S J
J T N Y R Y N W N E I F P
E S F L E S M I H G R T D
S U N L T S R G H L M S M
U J D R E L R T O T Z R T
S T A K T J D D Y D K M D
N T A D T L V B K G T R D
E M M W J L W Q D P J D Q
```

God did this to *demonstrate* his
righteousness, for he *himself* is *fair* and
just, and he *makes sinners right* in his
sight when they *believe* in *Jesus*.

GOD
DEMONSTRATE
RIGHTEOUSNESS
HIMSELF
FAIR
JUST
MAKES

SINNERS
RIGHT
SIGHT
WHEN
BELIEVE
JESUS

Romans 3:28-30

```
D E S I C M U C R I C P
D N K H V M X J L B N L
S E L I T N E G L J K K
T H I G J I Q N E B G D
R W O F O J A W W E N O
A A O L I D S F R G T T
P L W R D T O X N R M Y
A S L W K J S N Y J T R
T O A Z D S Y U L D N B
G L R G Y P X T J Y Y Q
```

For we <u>hold</u> that one is <u>justified</u> by <u>faith</u> <u>apart</u> from <u>works</u> of the <u>law</u>. Or is <u>God</u> the God of <u>Jews</u> <u>only</u>? Is he not the God of <u>Gentiles</u> <u>also</u>? Yes, of Gentiles also, since God is <u>one</u>—who will justify the <u>circumcised</u> by faith and the uncircumcised through faith.

HOLD	JEWS
JUSTIFIED	ONLY
FAITH	GENTILES
APART	ALSO
WORKS	ONE
LAW	CIRCUMCISED
GOD	

Romans 6:6-7

```
D O N E R S L A V E S N
D E I F I C U R C D M G
L K Y A L P E Y U P L D
O P N D W E K E M L I O
N P M O O A S B R E E T
G S I N W B Y V D F E D
E Y Q Q M K M K M S M B
R L Y D Y N B Q V T Q L
```

For we <u>know</u> that our <u>old self</u> was <u>crucified</u> with him so that the <u>body</u> <u>ruled</u> by <u>sin</u> might be <u>done</u> <u>away</u> with, that we should no <u>longer</u> be <u>slaves</u> to sin— because anyone who has <u>died</u> has been <u>set</u> <u>free</u> from sin.

KNOW	DONE
OLD	AWAY
SELF	LONGER
CRUCIFIED	SLAVES
BODY	DIED
RULED	SET
SIN	FREE

Romans 6:8-9

```
L O N G E R Y Y Y B M D
B Y R R W V R J Y N V D
E B D O A E I C V A B T
L E N D T I A L G Z L K
I K C S C N S A D H T Y
E M A N N H I E T W O N
V M O O I N R A D D M W
E D T S M S E I E W N B
D E A D L D P I S B Y D
T J Y L R A D D G T M L
```

Now if we died with Christ, we believe that we will also live with him. For we know that since Christ was raised from the dead, he cannot die again; death no longer has mastery over him.

NOW	RAISED
DIED	DEAD
CHRIST	CANNOT
BELIEVE	AGAIN
ALSO	DEATH
LIVE	LONGER
KNOW	MASTERY
SINCE	

Romans 6:10-12

```
Y  N  B  J  Z  B  Y  Z  N  M  T  B
O  G  T  Z  Y  B  N  T  N  G  K  S
U  I  L  L  L  Q  L  R  N  N  E  E
R  E  Y  R  A  D  E  I  D  V  V  R
S  R  G  T  T  T  S  D  I  I  D  S
E  T  S  I  R  H  C  L  L  T  E  G
L  L  G  C  O  U  N  T  L  R  T  L
V  S  K  H  M  D  T  K  I  G  O  B
E  Y  U  Y  T  Z  D  S  F  B  Q  B
S  L  D  S  L  A  E  O  E  Z  P  Y
R  K  Y  O  E  D  E  Y  G  J  M  Z
Z  T  L  G  B  B  J  J  D  L  K  V  M
```

The death he died, he died to sin once for all; but the life he lives, he lives to God. In the same way, count yourselves dead to sin but alive to God in Christ Jesus. Therefore do not let sin reign in your mortal body so that you obey its evil desires.

DEATH	CHRIST
DIED	JESUS
SIN	REIGN
LIFE	MORTAL
LIVES	BODY
GOD	OBEY
COUNT	EVIL
YOURSELVES	DESIRES

Romans 6:13-14

```
V Y D K R Y V B M Z M Y S N
R N L R Y N Q G W V X S Z G
R R W K R Z R N R B E K S W
D N L R M A D L X N W T M K
O T N M C M R Y S D N Q P Q
M H N E E E W U R E N Y D Z
I G T E D M O L M H T A E D
N U Y N S E B U L I F E Y L
I O U B T E R E T N N N M Z
O R D H Y T R D R W V P J J
N B G N S J O P A S R E V O
B I N N R G Y L Z K G T R N
R I I M Z B D D D Z M M J R
S T R L Q D T J N Q R Z Q Q
```

Do not *present* your *members* to *sin* as *instruments* for unrighteousness, but present yourselves to *God* as those who have been *brought* from *death* to *life*, and your members to God as instruments for *righteousness*. For sin will have no *dominion over* you, since you are not *under law* but under *grace*.

PRESENT	DOMINION
MEMBERS	OVER
SIN	UNDER
INSTRUMENTS	LAW
GOD	GRACE
BROUGHT	
DEATH	
LIFE	
RIGHTEOUSNESS	

Romans 6:18-19a

```
R Y Q K N X W D Z D N G Q N
G T L V Z Y D D N N N J Q Z
I L L U S T R A T I O N M Z
N W Z P F P T E V Q R N D T
A Q E R S S W I V I N L L Y
T R E A R I L R G A P L E H
U E Y E K H N H D N L N L M
R N D T U N T B B V D S K W
E N D M B E E M O C E B N V
U R A W O T U S I N G V R Z
T N B U O D D Z S V W T Q K
N D S X G N J B L L J D M R
```

Now you are _free_ from your _slavery_ to _sin_, and you have _become_ slaves to _righteous_ _living_. Because of the _weakness_ of your _human_ _nature_, I am _using_ the _illustration_ of slavery to _help_ you _understand_ all this.

NOW	WEAKNESS
FREE	HUMAN
SLAVERY	NATURE
SIN	USING
BECOME	ILLUSTRATION
RIGHTEOUS	HELP
LIVING	UNDERSTAND

Romans 6:22-23

```
S A N C T I F I C A T I O N
G L M D Z Z S L E A D S V L
V I W V G G Z L J T B R N J
J F F Y O N V L A W J N K N
B E T T D Z N T M V J X Y G
D M S E V T M V Q R E D N D
R E E U I M T W A G E S L X
X R A U S S Z D V Y K A D N
F N R T I T R J X D N W Z W
N F W R H O T B V R N Y D D
B R H Q L N R T E I M K M Y
R C B Y M L X T S K M X N K
M B M L Y G E T B L D T B L
```

But now that you have been set <u>free</u> from <u>sin</u> and have become <u>slaves</u> of <u>God</u>, the <u>fruit</u> you get <u>leads</u> to <u>sanctification</u> and its end, <u>eternal</u> <u>life</u>. For the <u>wages</u> of sin is <u>death</u>, but the free <u>gift</u> of God is eternal life in <u>Christ</u> <u>Jesus</u> our <u>Lord</u>.

FREE	LIFE
SIN	WAGES
SLAVES	DEATH
GOD	GIFT
FRUIT	CHRIST
LEADS	JESUS
SANCTIFICATION	LORD
ETERNAL	

Romans 7:6

```
B V M M B D M B S Q W B T
O N W B P Q N L M E P N S
U M E Y T M J T Q D R S Z
N K N E L W I L R N E V R
D I E D B R T E E N R E E
J D T L I G L W D D T X B
B G Z P T E N L X T P M R
X J S N A E O I E W O N Z
Y M Q S S K M L V R M N J
W Q E S L R A Q F A Q L T
Y D M Z M W G R B T H K N
```

But now we have been released from the Law, having died to that by which we were bound, so that we serve in newness of the Spirit and not in oldness of the letter.

NOW
BEEN
RELEASED
FROM
LAW
HAVING
DIED

BOUND
SERVE
NEWNESS
SPIRIT
OLDNESS
LETTER

Romans 8:1-2

```
N B Q P Z W T L D X D D
T O Q T B O R B Y Q B Y
I T I B H N Q T J V V N
R H K T G E S J M L B D
I O E M A I R J E S U S
P S M F R N D E A T H K
S E T H I F M T F N X L
K Q C R R L S E M O A P
T E S E P D R I D W R J
Z M E N L J T Y N N L E
J G Y K M M G W G T O J
D M B T T Q N Z M Q L C
```

There is <u>therefore</u> <u>now</u> no <u>condemnation</u> for <u>those</u> who are in <u>Christ</u> Jesus. For the <u>law</u> of the <u>Spirit</u> of <u>life</u> has <u>set</u> you <u>free</u> in Christ Jesus from the law of <u>sin</u> and <u>death</u>.

THEREFORE

NOW

CONDEMNATION

THOSE

CHRIST

JESUS

LAW

SPIRIT

LIFE

SET

FREE

SIN

DEATH

Romans 8:3-4

```
P R F L E S H G Y X V L
O L I G L L N G T M P P
W C V G O M Y T R Y N M
E L O O H D E J T D B T
R T R N F T Y T E R Y G
L G F Y D F E N B T L L
E N R U W E E O I Z E Q
S Y L A L K M R U V G J
S Y L Q A L I N I S O N
S I N E Y P Y L E N L T
D W W V S G Z P X D G X
```

For what the <u>law</u> was <u>powerless</u> to do because it was <u>weakened</u> by the <u>flesh</u>, <u>God</u> did by sending his own <u>Son</u> in the likeness of sinful flesh to be a <u>sin</u> <u>offering</u>. And so he <u>condemned</u> sin in the flesh, in order that the <u>righteous</u> requirement of the law might be <u>fully</u> <u>met</u> in us, who do not <u>live</u> according to the flesh but according to the <u>Spirit</u>.

LAW
POWERLESS
WEAKENED
FLESH
GOD
SON
SIN

OFFERING
CONDEMNED
RIGHTEOUS
FULLY
MET
LIVE
SPIRIT

Romans 8:15

```
B Y M Y Z Z J W Y F N L R D
A D O P T I O N S M E E T X
V B A M K S D T R L H A G W
N L G P R B P D X T A D R T
L V A M L G E I A Q D V V B
S K I Y B V J R R P D D E T
T O N M I D T M Z I Q P U S
V Z N E B R O U G H T O Y M
L K C S F A T H E R B R G N
L E L T H P A E W A C Y K Y
R I K L B I K B M M N X M V
D N V R Q A P X B T N L L Z
V P Y E M B P Y N A B Y V G
```

The Spirit you received does not make you slaves, so that you live in fear again; rather, the Spirit you received brought about your adoption to sonship. And by him we cry, "Abba, Father."

SPIRIT	BROUGHT
RECEIVED	ABOUT
MAKE	ADOPTION
SLAVES	SONSHIP
LIVE	CRY
FEAR	ABBA
AGAIN	FATHER
RATHER	

Romans 8:20-21

```
N D P B E Y R O L G D
Y O T N E G F G P R Y
S V I P O R A N O L D
Y U O T E I T D G D N
T H B E P G T N N E K
I B B J N U I A R O O
L Z Q G E L R D E B B
I D T S L C L R T R K
T Z E I D I T A O X C
U T W J H B I E J C L
F P Q C V N T T D R T
```

For the creation was subjected to futility, not willingly, but because of him who subjected it, in hope that the creation itself will be set free from its bondage to corruption and obtain the freedom of the glory of the children of God.

CREATION	BONDAGE
SUBJECTED	CORRUPTION
FUTILITY	OBTAIN
WILLINGLY	GLORY
HOPE	CHILDREN
SET	GOD
FREE	

Romans 11:26-27

```
U M E L A S U R E J T A K E
O N E G Q D S R B V S L T Y
R D G Y D N E I J E Z N Y T
E X V O I P S V R Y A N Z M
S J N S D R J U A N T E R J
C R Y T A L T X E S M L J M
U Z B E J P I V K O L Z R L
E L L Z I M O N C A D Y T J
S T Z R N C J R E R J U K J
L T C Y A W A Q B S R L Q M
M S P M B Y B V M N S T X L
```

And so <u>all</u> <u>Israel</u> will be <u>saved</u>. As the
  <u>Scriptures</u> say,
"The <u>one</u> who <u>rescues</u> will <u>come</u> from
  <u>Jerusalem</u>,
and he will <u>turn</u> Israel <u>away</u> from
  <u>ungodliness</u>.
And this is my <u>covenant</u> with them,
that I will <u>take</u> away their <u>sins</u>."

ALL	JERUSALEM
ISRAEL	TURN
SAVED	AWAY
SCRIPTURES	UNGODLINESS
ONE	COVENANT
RESCUES	TAKE
COME	SINS

1 Corinthians 1:22-24

```
D S Y T D E L L A C S
Z K T L S N G I S S D
N C R U C I F I E D G
S M B W M Q R N G E W
K O L R P B H H N N H
E D O Y E S L T C C G
E S C S I W I I A D B
R I K L W L O E N O M
G W O G E E R P T G V
D O L S O P J H R G M
F M B Z G D Q G D T J
```

For indeed <u>Jews</u> ask for <u>signs</u> and <u>Greeks</u> search for <u>wisdom</u>; but we <u>preach</u> <u>Christ</u> <u>crucified</u>, to Jews a <u>stumbling</u> <u>block</u>, and to <u>Gentiles</u> <u>foolishness</u>, but to those who are the <u>called</u>, <u>both</u> Jews and Greeks, Christ the <u>power</u> of <u>God</u> and the wisdom of God.

JEWS
SIGNS
GREEKS
WISDOM
PREACH
CHRIST
CRUCIFIED
STUMBLING

BLOCK
GENTILES
FOOLISHNESS
CALLED
BOTH
POWER
GOD

1 Corinthians 1:30-31

```
S S D O G J T W N T X W Y
A S T Q S R M E C R U O S
N E D S W T T B X P D R N
C N M X I T S J E M R O Y
T S X Y I R E A W F I X W
I U R R L S H D O T I B R
F O W D U Y E C P B R L L
I E W S N V R M W D M T M
C T V O Z B E I A T R T P
A H X Z R D S Q L C L O R
T G B B E D N D J M E J L
I I Q R O L E W N M Y B Q
O R G M P R J R Q K Y P R
N L J N X Z M B J R L Z Y
```

He is the <u>source</u> of your <u>life</u> in <u>Christ</u> <u>Jesus</u>, who <u>became</u> for us <u>wisdom</u> from <u>God</u>, and <u>righteousness</u> and <u>sanctification</u> and <u>redemption</u>, in <u>order</u> that, as it is <u>written</u>, "Let the one who <u>boasts</u>, boast in the <u>Lord</u>."

SOURCE
LIFE
CHRIST
JESUS
BECAME
WISDOM
GOD
RIGHTEOUSNESS
SANCTIFICATION

REDEMPTION
ORDER
WRITTEN
BOASTS
LORD

1 Corinthians 5:7-8

```
S M L V D H C T A B N
C A T A Y E N B T N S
E R C F V W K R M I Y
L E B R V I U C N A R
E V X E I T T C I Y L
B O Q S H F E S T W T
R S D H L R I S E S T
A S T O I I I C A F Z
T A W T U R V E E D Y
E P Y E H G Y E L D T
W X M C N P H O L J L
```

Get rid of the <u>old</u> "<u>yeast</u>" by removing this <u>wicked</u> person from among you. Then you will be like a <u>fresh</u> <u>batch</u> of <u>dough</u> made without yeast, which is what you really are. <u>Christ</u>, our <u>Passover</u> <u>Lamb</u>, has been <u>sacrificed</u> for us. So let us <u>celebrate</u> the <u>festival</u>, not with the old bread of wickedness and <u>evil</u>, but with the <u>new</u> bread of <u>sincerity</u> and <u>truth</u>.

OLD
YEAST
WICKED
FRESH
BATCH
DOUGH
CHRIST
PASSOVER

LAMB
SACRIFICED
CELEBRATE
FESTIVAL
EVIL
NEW
SINCERITY
TRUTH

1 Corinthians 7:22-23

```
C H R I S T J W Y
C R N E H W O N E
A E E G D N N N L
L E L M D R S D Y
L R P L E L O P B
E F R A A M R L H
D O G V I I B I W
W T E O C D G E T
M D B E D H D V R
```

And _remember_, if you were a slave _when_ the _Lord_ _called_ you, you are _now_ _free_ in the Lord. And if you were free when the Lord called you, you are now a slave of _Christ_. _God_ _paid_ a _high_ _price_ for you, so don't be _enslaved_ by the _world_.

REMEMBER
WHEN
LORD
CALLED
NOW
FREE
CHRIST

GOD
PAID
HIGH
PRICE
ENSLAVED
WORLD

1 Corinthians 8:9

```
G F T B D Y S G G N
D U R N E I O N K Q
B B R E H C I U E T
S L T T E L O K R L
R O R M B D A M M S
B C M M Y T O D E P
D K U E C N Y M P L
Y T X N H A W E A K
S V M N D O R B L D
L V V V W X W E J M
```

But take care that this freedom of yours does not somehow become a stumbling block to the weak.

BUT	SOMEHOW
TAKE	BECOME
CARE	STUMBLING
THIS	BLOCK
FREEDOM	WEAK
YOURS	

1 Corinthians 9:1-3

```
A D L R V L B B D L J V
P E J B E Q O P R U R Y
O F E T D S S R D R T D
S E E S N U U G D L Q T
T N R W R M L R N B L
L S F E O E Q N T M V D
E E L N N R H J E S U S
W Y E T L Y K T N B M D
M E J Y D A J Y O N T R
S M P X L K E R M T Y Y
Q T V N D T R S R V J B
```

Am I not <u>free</u>? Am I not an <u>apostle</u>? Have I not <u>seen</u> <u>Jesus</u> our <u>Lord</u>? Are you not the <u>result</u> of my <u>work</u> in the Lord? Even though I may not be an apostle to <u>others</u>, <u>surely</u> I am to you! For you are the <u>seal</u> of my apostleship in the Lord. This is my <u>defense</u> to those who sit in <u>judgment</u> on me.

FREE
APOSTLE
SEEN
JESUS
LORD
RESULT

WORK
OTHERS
SURELY
SEAL
DEFENSE
JUDGMENT

1 Corinthians 9:19, 21b

```
S F B Y E H V G V
L R E M G V N R V
A E C U A I E X M
V E O C R S E N E
E H M B H L T R T
T A E A P R O E W
G L V O N N I A R
O L E A G Y L S V
D P M I X Q M K T
```

Even though *I* am a *free* *man* with no *master*, *I* have *become* a *slave* to *all* *people* to *bring* *many* to *Christ*. But *I* do not *ignore* the *law* of *God*; *I* obey the law of Christ.

EVEN	PEOPLE
THOUGH	BRING
FREE	MANY
MAN	CHRIST
MASTER	IGNORE
BECOME	LAW
SLAVE	GOD
ALL	

1 Corinthians 10:23-24

```
S R E H T O T G L G D C Z
Y Z T G B J N K J D O T P
D G G L O I W L L N V N R
Q B T N H O G Y S B G W J
W J E T I D D T N O T N X
N T Y N B H R N D E S Y G
D N H R E U T L J V L A M
A Z Y G C F U Y L A T Y Y
M V Y T I O I S R H P W J
D W I J H R O C E E L T R
V V Q S G Y W T I E V L D
E D M Q Y R N T N A K E P
G K J D D J D Q D G L N P
```

"I _have_ the _right_ to do _anything_," you _say_—but _not everything_ is _beneficial_. "I have the right to do anything"—but not everything is _constructive_. No one _should seek_ their _own good_, but the good of _others_.

HAVE	CONSTRUCTIVE
RIGHT	SHOULD
ANYTHING	SEEK
SAY	OWN
NOT	GOOD
EVERYTHING	OTHERS
BENEFICIAL	

1 Corinthians 12:12-13

```
D D V T S I R H C S T Z T
T E D R I N K L E R L K V
I W Z Y Q L Y L R X J Q J
R D Q I D Q I D J V T T N
I G K L T T E S O D M K Y
P T D J N P D V W B Z J R
S Y R E Q D A E A E D T N
J W G F R P E B N L J Z G
O N E O J R A T N E S T B
M L G R F A Z R L B V P J
X D M M R T L D T V T I D
D K Z R L J G L R S V J G
```

Just as a body, though one, has many parts, but all its many parts form one body, so it is with Christ. For we were all baptized by one Spirit so as to form one body—whether Jews or Gentiles, slave or free—and we were all given the one Spirit to drink.

BODY	SPIRIT
ONE	JEWS
PARTS	GENTILES
ALL	SLAVE
FORM	FREE
CHRIST	GIVEN
BAPTIZED	DRINK

1 Corinthians 15:3-5

```
P M L J M T B C P Q R K I Q
T V V L H N V D H K K M N B
W R D I D D T D L R P N W Q
E R R D E S I A R O I S D B
L D D I P E T E R P C S G T
V V R D Z D X T A R S K T B
E U E D V P A S I Y M N B B
B I L Y A N S P N O Y J I B
D N R L T E T T S K A Q B S
Q Z W N D U D T Y B D L L D
N N V Q R X L B B K G P Z R
G M Q E Q L Y N D Q W L M J
R X S R B M V M T Z R W D Q
```

I passed on to you what was most important and what had also been passed on to me. Christ died for our sins, just as the Scriptures said. He was buried, and he was raised from the dead on the third day, just as the Scriptures said. He was seen by Peter and then by the Twelve.

PASSED	BURIED
MOST	RAISED
IMPORTANT	DEAD
CHRIST	THIRD
DIED	DAY
SINS	PETER
SCRIPTURES	TWELVE

1 Corinthians 15:47-49

```
S E L P O E P N A M T R
O M Z N D R A D A M F T
M A R Y P R L V D I Y V
E C T K D Y Y W R L P T
D V M T D T D S N X Q Q
A K S B S N T E L E M L
Y U B I O H V V L Q M G
D Z R C R A T I L Y B Z
T H E D E M H R L B T Y
C S Z H T W A R A I B L
T D M L T R P D N E K R
R M T T L R L G E T L E
```

Adam, the _first_ man, was _made_ from the _dust_ of the _earth_, _while_ _Christ_, the _second_ man, _came_ from heaven. Earthly _people_ are like the earthly man, and heavenly people are like the heavenly man. Just as we are now _like_ the earthly man, we will _someday_ be like the _heavenly_ _man_.

ADAM	SECOND
FIRST	CAME
MADE	PEOPLE
DUST	LIKE
EARTH	SOMEDAY
WHILE	HEAVENLY
CHRIST	MAN

2 Corinthians 1:20

```
M M L Z M B W X D P N
S E S I M O R P T E Z
X P H X P G P H M Z N
F I N D K L R A L L R
R E T T U O L Q S L J
V P Y T U R J G Y E A
X H L G X Y O L Z N Y
W K H B G D K N X J D
```

For all the promises of God find their Yes in him. That is why it is through him that we utter our Amen to God for his glory.

ALL	WHY
PROMISES	THROUGH
GOD	UTTER
FIND	AMEN
YES	GLORY
HIM	

2 Corinthians 3:17-18

```
Q T R A N S F O R M E D W T
Z E D S E M O C D T I J B J
F R E E D O M S A N T W Q D
G E R Y L E P L C F A C E S
N H R B G I P R J P R G Z V
I W V A R M E R K Y J G Y Y
E W M I E A G V X B B Y R B
B I T T S D R L N J N J M W
L Z N I L R A V O U G M Y D
D O N Q Q O N L P R N G R K
C G M Q D L B M L L Y T L T
```

Now the Lord is the Spirit, and where the Spirit of the Lord is, there is freedom. And we all, who with unveiled faces contemplate the Lord's glory, are being transformed into his image with ever-increasing glory, which comes from the Lord, who is the Spirit.

LORD	CONTEMPLATE
SPIRIT	GLORY
WHERE	BEING
FREEDOM	TRANSFORMED
ALL	IMAGE
UNVEILED	INCREASING
FACES	COMES

2 Corinthians 5:17-19a

```
N O I T A I L I C N O C E R
Y T R J G Y J M Q J R N Q V
R M S Z R N I L D E O M R V
Y G O N E N I T A Y T J V T
K N N O I T Y T N D B B B V
L Z L S S A I A N S N E W M
M D T I M O G L D U I P T Y
R R R T N D W A O R O N T T
Y H D L R O W C G R M C S M
C X R N J X B Z O D N W Q Z
N T R L W N V P Y M M D L N
M J T Y X D B Z V R E Q Y D
```

Therefore, if <u>anyone</u> is in <u>Christ</u>, the <u>new</u> <u>creation</u> has <u>come</u>: The <u>old</u> has <u>gone</u>, the new is here! All this is from <u>God</u>, who reconciled us to himself through Christ and gave us the <u>ministry</u> of <u>reconciliation</u>: that God was reconciling the <u>world</u> to himself in Christ, not <u>counting</u> people's <u>sins</u> <u>against</u> them.

ANYONE
CHRIST
NEW
CREATION
COME
OLD
GONE

GOD
MINISTRY
RECONCILIATION
WORLD
COUNTING
SINS
AGAINST

Galatians 2:20

```
G E M S O E L N D G Q W
N P A L E O V E X K T X
I H D R N L I I P M M J
T R I G T F F Z L T V M
S L E M I H T S I R H C
U R O C S Y L G Y P N R
R L U V D E A Y N Z K J
T R J O E V L O G O D W
C X B Y E D S F T Y R Q
```

My <u>old</u> <u>self</u> has been <u>crucified</u> with <u>Christ</u>. It is no <u>longer</u> I who <u>live</u>, but Christ lives in me. So I live in this <u>earthly</u> <u>body</u> by <u>trusting</u> in the <u>Son</u> of <u>God</u>, who <u>loved</u> me and <u>gave</u> <u>himself</u> for me.

OLD	BODY
SELF	TRUSTING
CRUCIFIED	SON
CHRIST	GOD
LONGER	LOVED
LIVE	GAVE
EARTHLY	HIMSELF

Galatians 3:13

```
P W N E T T I R W R S
R A R J M D L C D E R
O L L O K B U N R K K
N M B T N R X U Y B R
O D Y H S G T K L L B
U C E E I P D C D J T
N H Z U I M R O K B E
C R U R C O S O I E Q
E I C N S S O E R N N
D S Z S G T E T L T G
M T K L D Z R R R F M
```

But Christ has rescued us from the curse pronounced by the law. When he was hung on the cross, he took upon himself the curse for our wrongdoing. For it is written in the Scriptures, "Cursed is everyone who is hung on a tree."

CHRIST
RESCUED
CURSE
PRONOUNCED
LAW
HUNG
CROSS

TOOK
HIMSELF
WRONGDOING
WRITTEN
SCRIPTURES
TREE

Galatians 3:22

```
Q S W L N N B X D X B B G
B W C D I V M Y T L Y G V
N E R R S B B W L B K Y P
N T L V I T P A Y P Z R W
X T X I G P Z S R L I D V
R Q D P E O T O U S K B L
C E Z E N V M U O S M D Y
H B C L C I I N R O E L W
R L Y E S L E N D E X J M
I T X E I R A E G R S T R
S G O D S V E R R Y K P M
T Z V N T R E Q E P G J J
M D N M F G T K K X G D W
```

But the <u>Scriptures</u> <u>declare</u> that we are <u>all</u> <u>prisoners</u> of <u>sin</u>, so we <u>receive</u> God's <u>promise</u> of <u>freedom</u> <u>only</u> by <u>believing</u> in <u>Jesus</u> <u>Christ</u>.

SCRIPTURES	PROMISE
DECLARE	FREEDOM
ALL	ONLY
PRISONERS	BELIEVING
SIN	JESUS
RECEIVE	CHRIST
GOD	

Galatians 3:28-29

```
P E V A L S G J Q
R E O M H E I R S
O E N G N M A G T
M R E T N B A S T
I F I L R O I L S
S L J A A R L U E
E E H E H M S E A
J A E C W E E L B
M V P D J P L F B
```

There is neither _Jew_ nor _Gentile_, neither _slave_ nor _free_, nor is there _male_ and _female_, for you are _all_ _one_ in _Christ_ _Jesus_. If you _belong_ to Christ, then you are _Abraham_'s _seed_, and _heirs_ according to the _promise_.

JEW
GENTILE
SLAVE
FREE
MALE
FEMALE
ALL
ONE

CHRIST
JESUS
BELONG
ABRAHAM
SEED
HEIRS
PROMISE

Galatians 4:4-5

```
N S O N S H I P N
R O W Y E S R D T
P A I M L E E I L
L R O T C L M N N
W C E E P E U R T
W O I D T O O F T
H V M E E B D O G
E Z S A Z E X A Z
N N L Q N R M W R
```

But <u>when</u> the <u>set</u> <u>time</u> had <u>fully</u> <u>come</u>, <u>God</u> <u>sent</u> his Son, <u>born</u> of a <u>woman</u>, born under the <u>law</u>, to <u>redeem</u> those under the law, that we might <u>receive</u> <u>adoption</u> to <u>sonship</u>.

WHEN	BORN
SET	WOMAN
TIME	LAW
FULLY	REDEEM
COME	RECEIVE
GOD	ADOPTION
SENT	SONSHIP

Galatians 4:25-26

```
C Q N Z R N L X Z N L R X K
O I A N I S P Y A R A B I A
R Q B B Y T Q M R Y N Q U M
R M Q T N A T D Y E G V E G
E D I U N V B M M Q V L M N
S C O T M V K O K F A A N W
P M L T T G P J V S R E L P
O T R E H T O M U E R E K S
N N N P M Q N R V D E L E W
D T T E R R E N L A W R J G
S K D B S J M I G P T N Y V
Q Z Z T X E H A N J M D M K
D X L M M C R Q V N T D M W
Y R L M J M W P P Q N B B R
```

Now Hagar stands for Mount Sinai in Arabia and corresponds to the present city of Jerusalem, because she is in slavery with her children. But the Jerusalem that is above is free, and she is our mother.

HAGAR	JERUSALEM
MOUNT	SLAVERY
SINAI	CHILDREN
ARABIA	ABOVE
CORRESPONDS	FREE
PRESENT	MOTHER
CITY	

Galatians 5:1

```
T Y R E V A L S
H M T L Y A L M
E T Y I G O O J
R N S A M D K D
E M I I E B N E
F N R E R A U S
O M R I T H E S
R F G S F T C M
E D B P R L L Z
```

*For <u>freedom</u> <u>Christ</u> has <u>set</u> us free; <u>stand</u>
<u>firm</u> <u>therefore</u>, and do not <u>submit</u> <u>again</u>
to a <u>yoke</u> of <u>slavery</u>.*

FREEDOM	THEREFORE
CHRIST	SUBMIT
SET	AGAIN
STAND	YOKE
FIRM	SLAVERY

Galatians 5:5-6

```
N E A G E R L Y G E Y M Y R J
S O M T R G L V Z P C Q I N D
P H I R S V B B K O P G J G Y
I T R S N I T T U H H Y N D T
R I Z Y I H R N B T N I Z S B
I A B Y R C T H E L H W U T W
T F E O R S M O C T Z S A O Y
L W U V Z Z U U Y R E R R I Y
N G Z T O S G N C J G K M N T
H V M R N L A J Q R I N D P T
D B N E M Q T Y N N I N L L B
L R S T T W J M G J L C R B Y
P S Q D W D N L X K Y X N L Z
```

For <u>through</u> the <u>Spirit</u>, by <u>faith</u>, we <u>eagerly</u> <u>wait</u> for the <u>hope</u> of <u>righteousness</u>. For in <u>Christ</u> <u>Jesus</u> neither <u>circumcision</u> nor uncircumcision <u>counts</u> for <u>anything</u>; the only thing that counts is faith <u>working</u> through <u>love</u>.

THROUGH
SPIRIT
FAITH
EAGERLY
WAIT
HOPE
RIGHTEOUSNESS
CHRIST
JESUS

CIRCUMCISION
COUNTS
ANYTHING
WORKING
LOVE

Galatians 5:13

```
S I N F U L Y C M T W T M
M V L N J M D O A B D Y M
Y N K S D A D W D L K Y N
D D A N E E J M T Y L R R
T N E T E R N W Y L S E R
T S S R U D V F M R I S D
U N F W L R S E E R R V Z
I R T Y B I E H E E D Q E
L Q R R T T T H T W W D B
K W Z A Y O T S L Q T E J
Y X S G R O I D O R N B T
V K L B N S X P V O D D D
R Y Z A N R B Z E T Q Z Y
```

For you have been <u>called</u> to <u>live</u> in <u>freedom</u>, my <u>brothers</u> and <u>sisters</u>. But don't <u>use</u> your freedom to <u>satisfy</u> your <u>sinful</u> <u>nature</u>. <u>Instead</u>, use your freedom to <u>serve</u> <u>one</u> <u>another</u> in <u>love</u>.

CALLED	SINFUL
LIVE	NATURE
FREEDOM	INSTEAD
BROTHERS	SERVE
SISTERS	ONE
USE	ANOTHER
SATISFY	LOVE

Ephesians 1:6-7

```
K P U R C H A S E D
T I N F D V U X E Y
F O N O R O R S P D
S O O D I E I I E N
B L R R N A E R C E
B E O G R E U D C H
N L P A O S A O S
G O D O P V R S N M
J R B R N G E I Y W
M M Y K Y G S Y N N
```

So we _praise_ _God_ for the _glorious_ _grace_ he has _poured_ out on us who _belong_ to his dear _Son_. He is so _rich_ in _kindness_ and grace that he _purchased_ our _freedom_ with the _blood_ of his Son and _forgave_ our _sins_.

PRAISE	RICH
GOD	KINDNESS
GLORIOUS	PURCHASED
GRACE	FREEDOM
POURED	BLOOD
BELONG	FORGAVE
SON	SINS

Ephesians 2:8-10

```
C R E A T E D D N R
C H R I S T O L D L
G D W M B G G E P D
R T R O S O R I E P
A B H U R A A V F H
C G S R P K A S T T
E E O E O S S I T K
J Y R O G U A J L J
T P L T D F G A T K
D D L J T N W H N R
```

For by <u>grace</u> you have been <u>saved</u> <u>through</u> <u>faith</u>. And this is not your own doing; it is the <u>gift</u> of <u>God</u>, not a result of <u>works</u>, so that no one may <u>boast</u>. For we are his workmanship, <u>created</u> in <u>Christ</u> <u>Jesus</u> for <u>good</u> works, which God <u>prepared</u> beforehand, that we should <u>walk</u> in them.

GRACE	BOAST
SAVED	CREATED
THROUGH	CHRIST
FAITH	JESUS
GIFT	GOOD
GOD	PREPARED
WORKS	WALK

Ephesians 2:19-20

```
X C X S Y M T H S W N D
G X O L T S E T O O M S
C E O R I R E M I U R B
I H N R N H A T B E S S
T T H T P E A N N E E E
I C O O I D R G G L R Y
Z P R G N L I S T E Y S
E P E U E E E S T L R S
N Z O O R T O S I O U S
S F R O P P H M M S N T
Y L F Q A L A E E W L E
L W L Z G F E J R Q R Q
```

So now you _Gentiles_ are no longer _strangers_ and _foreigners_. You are _citizens_ along with all of God's _holy people_. You are _members_ of God's _family_. _Together_, we are his _house_, built on the _foundation_ of the _apostles_ and the _prophets_. And the _cornerstone_ is _Christ Jesus_ himself.

GENTILES
STRANGERS
FOREIGNERS
CITIZENS
HOLY
PEOPLE
MEMBERS
FAMILY

TOGETHER
HOUSE
FOUNDATION
APOSTLES
PROPHETS
CORNERSTONE
CHRIST
JESUS

Ephesians 3:10-12

```
C L M R C H R I S T N
E O R A T J N L T R E
T M N I N W E H O S Y
E F A F O I C S O R T
R F R N I A F P U M D
N C K E O D R O O S S
A X H R E U E D L M D
L R P U P D S N L D D
R P P R R I O A C O Y
A Z L M W C E M G E Y
K N T Q N R H D Z K G
```

His intent was that now, through the <u>church</u>, the <u>manifold</u> <u>wisdom</u> of <u>God</u> should be made <u>known</u> to the rulers and authorities in the heavenly <u>realms</u>, according to his <u>eternal</u> <u>purpose</u> that he accomplished in <u>Christ</u> <u>Jesus</u> our <u>Lord</u>. In him and through <u>faith</u> in him we may <u>approach</u> God with <u>freedom</u> and <u>confidence</u>.

CHURCH

MANIFOLD

WISDOM

GOD

KNOWN

REALMS

ETERNAL

PURPOSE

CHRIST

JESUS

LORD

FAITH

APPROACH

FREEDOM

CONFIDENCE

Ephesians 4:7-8

```
A M E A S U R E B M
P C G G I V E N Y D
A M C X M L G T G E
C S M O P A I A C K
H N C O R V D A V T
R J E E I D R E F E
I P E T N G I I P H
S M P A J D G N G R
T A B J C L E I G P
C D R Y N H H D N K
```

But _each_ of us was _given_ _grace_ _according_ to the _measure_ of _Christ's_ _gift_. Therefore it is said, "When he _ascended_ on _high_ he _made_ _captivity_ itself a captive; he _gave_ gifts to his _people_."

EACH	ASCENDED
GIVEN	HIGH
GRACE	MADE
ACCORDING	CAPTIVITY
MEASURE	GAVE
CHRIST	PEOPLE
GIFT	

Philippians 1:18b-19

```
E E S T S I R H C J Q L
D C U P H E L P S R G L
W L N N I B N Y X Y L X
O E L A I R E J O I C E
N A Q W R T I M B D G T
K D I P S E N T T B Y Z
Y L R U T G V O W X Y T
L A S B J M P I C J K J
Y E W J R B V B L Y N V
J T N Z N M R J R E G M
Q J X Z M K Q D W T D B
```

And I __will__ __continue__ to __rejoice__. For I __know__ that as you __pray__ for me and the __Spirit__ of __Jesus__ __Christ__ __helps__ me, this will __lead__ to my __deliverance__.

WILL
CONTINUE
REJOICE
KNOW
PRAY
SPIRIT

JESUS
CHRIST
HELPS
LEAD
DELIVERANCE

Philippians 3:20-21

```
C P O W E R Z B R C B N
Y I T Y N T M N O N E Y
L R T G B X R N E V M R
M Y S I B T T A A T B C
D L W U Z R G E R M H J
R W K X O E H A D R O L
S O D L R I N J I D X D
E I L T S R S E Q Y B
I X Y V F I T O H S R T
D Z L O A X A W L I U D
O V R P Z S R W N G P S
B M B D Z B G G A T J L
```

But our citizenship is in heaven. And we eagerly await a Savior from there, the Lord Jesus Christ, who, by the power that enables him to bring everything under his control, will transform our lowly bodies so that they will be like his glorious body.

CITIZENSHIP	POWER
HEAVEN	BRING
EAGERLY	CONTROL
AWAIT	TRANSFORM
SAVIOR	LOWLY
LORD	BODIES
JESUS	GLORIOUS
CHRIST	

Philippians 4:5b-7

```
G N I H T Y R E V E N J T B
S U P P L I C A T I O N B Q
U D S N D L P S V A X D Q B
R S Y T O G T R N G U A R D
P K U R S R Y Y D R T B Y K
A N D O A E T V E M I N D S
S O D E I H U Y C H R I S T
S W H O I X A Q J E S U S L
E N Y N G R N D E E C A E P
S W G Y P N G A V R M W T L
```

The <u>Lord</u> is at hand; do not be <u>anxious</u> about <u>anything</u>, but in <u>everything</u> by <u>prayer</u> and <u>supplication</u> with thanksgiving let your <u>requests</u> be made <u>known</u> to God. And the <u>peace</u> of God, which <u>surpasses</u> all understanding, will <u>guard</u> your <u>hearts</u> and your <u>minds</u> in <u>Christ</u> Jesus.

LORD	GOD
ANXIOUS	PEACE
ANYTHING	SURPASSES
EVERYTHING	GUARD
PRAYER	HEARTS
SUPPLICATION	MINDS
REQUESTS	CHRIST
KNOWN	JESUS

Philippians 4:12-13

```
N C L P T N D N J W S M L
E L I J R J L T L N X K N
A C B R L O Y Y E G L K P
Q Q N R C R S H D E E N N
E G R A G U T P T L B T F
L D N N D G M H E S Z I D
T E U I N N R S E R L D S
T H A E R O U C T L I G L
I Z R R U E R B E A N T L
L T J G N E F D A I N I Y
S Y H Y T E D F H W V C X
N J Y M K D D T U E T W E
W R N K L B Q G R S J N Y
```

I know how to get along with little, and I also know how to live in prosperity; in any and every circumstance I have learned the secret of being filled and going hungry, both of having abundance and suffering need. I can do all things through Him who strengthens me.

LITTLE

LIVE

PROSPERITY

CIRCUMSTANCE

LEARNED

SECRET

FILLED

HUNGRY

ABUNDANCE

SUFFERING

NEED

ALL

THINGS

THROUGH

STRENGTHENS

Colossians 1:13-14

```
N O I T P M E D E R D G Q
D F O R G I V E N E S S R
M E Z D B N S L R G B Z R
O Y R L A N M R Q N N X T
D D T E I R E D O M A I N
G F E S V F K W Y Q N B V
N R R V S I G N H R N M Z
I O N N O L L Q E O V W W
K M A Z N L V E M S M X J
T R P O Y L E N D R S L N
T K S M P R R B D X N P L
```

He has <u>delivered</u> us <u>from</u> the <u>domain</u> of <u>darkness</u> and <u>transferred</u> us to the <u>kingdom</u> of his <u>beloved</u> Son, in <u>whom</u> we have <u>redemption</u>, the <u>forgiveness</u> of <u>sins</u>.

DELIVERED	BELOVED
FROM	SON
DOMAIN	WHOM
DARKNESS	REDEMPTION
TRANSFERRED	FORGIVENESS
KINGDOM	SINS

Colossians 1:19-20

```
E P S G N I H T S R V
L L Z K N H D S X E G
I E Q T T I E E C M G
C A H R H N K A H D Q
N S A E L R E A Y S Y
O E X L A P O B M C Q
C D U L G V L U R M Y
E F L E P O E O G O D
R A N W O B S N D H W
P Z R D M S Y M B W M
```

For <u>God</u> was <u>pleased</u> to have <u>all</u> his <u>fullness</u> <u>dwell</u> in him, and through him to <u>reconcile</u> to himself all <u>things</u>, whether things on <u>earth</u> or things in <u>heaven</u>, by <u>making</u> <u>peace</u> <u>through</u> his <u>blood</u>, <u>shed</u> on the <u>cross</u>.

GOD	HEAVEN
PLEASED	MAKING
ALL	PEACE
FULLNESS	THROUGH
DWELL	BLOOD
RECONCILE	SHED
THINGS	CROSS
EARTH	

Colossians 1:21-23

```
S Y R B D Q P L D X B R J J
E B Y V L T K E E W M W J N
I D J N M R T Z D P Y N T Z
M N E M Q A M N Z Y S K W R
E J R L N Y G D R P N O T T
N K R E I Z W J Y J Q G G Z
E L I D E C V T B F A I T H
E L J E E T N L H C B Y T V
A P Y A R V E O H G L O M B
D W O T F M I R C O I G D M
L N L H I T I L H E P S O Y
L M N S N S G L M L R Y D D
L L H D T N Z Q K V L J J R
```

Once you were <u>alienated</u> from <u>God</u> and were <u>enemies</u> in your minds because of your <u>evil</u> behavior. But now he has <u>reconciled</u> you by <u>Christ</u>'s physical <u>body</u> through <u>death</u> to present you <u>holy</u> in his <u>sight</u>, without <u>blemish</u> and <u>free</u> from accusation—if you continue in your <u>faith</u>, established and firm, and do not move from the <u>hope</u> held out in the <u>gospel</u>.

ALIENATED
GOD
ENEMIES
EVIL
RECONCILED
CHRIST
BODY
DEATH

HOLY
SIGHT
BLEMISH
FREE
FAITH
HOPE
GOSPEL

Colossians 2:8

```
E G C H R I S T W T Y T R K
S G N S E K A T Z H B L L E
R R H I M C V L P M N D L G
E D U D D Q A O P O G E Q X
V S M D X R S P I L M K D W
I T A T B O O T T E P V T B
N I N B L Y I C N I L R D W
U R B I T D B T C T V D K Y
K I H B A J A Y I A T E L X
Q P Q R J L T E X M B L X R
J S T L M P C P Q K Q Y R D
Y Z X K M E B D V N T D D K
K T R E D K X R Q R N T D G
```

See to it that no one <u>takes</u> you <u>captive</u> through <u>philosophy</u> and <u>empty</u> <u>deceit</u>, <u>according</u> to <u>human</u> <u>tradition</u>, according to the <u>elemental</u> <u>spirits</u> of the <u>universe</u>, and not according to <u>Christ</u>.

TAKES
CAPTIVE
PHILOSOPHY
EMPTY
DECEIT
ACCORDING

HUMAN
TRADITION
ELEMENTAL
SPIRITS
UNIVERSE
CHRIST

Colossians 3:1

```
S C J Z D X W T E M B Y K
E R H N T E M R X Y T T M
E A K R V T O T H I N G S
K I W A I F S E A T E D Q
I S H H E S E K H G D K J
N E B R E V T G J H P Z Y
G D E E O R I M T H A N D
G H Y B E R E I K E E P Y
T O A T M N W T N Y X R J
M R D D M N Y D L K Z M P
```

Therefore, if you have been raised with Christ, keep seeking the things that are above, where Christ is, seated at the right hand of God.

THEREFORE	THINGS
HAVE	ABOVE
BEEN	WHERE
RAISED	SEATED
WITH	RIGHT
CHRIST	HAND
KEEP	GOD
SEEKING	

Colossians 3:2-4

```
D R M I N D S Y P
O O E H I D D E N
Y U G V L A S J C
E M R I E G L H Q
A V F G N A R S D
R E O I L I L I O
T S H B S O E E D
H T E T A D R G D
Z K P T L T T Y R
```

Set your minds on the things that are above, not on the things that are on earth. For you have died, and your life is hidden with Christ in God. When Christ, who is our life, is revealed, then you also will be revealed with Him in glory.

SET	CHRIST
MINDS	GOD
THINGS	OUR
ABOVE	LIFE
EARTH	REVEALED
DIED	ALSO
HIDDEN	GLORY

Colossians 3:9-11

```
V N G E N T I L E V M L R
Y M A W V W D Q L Q W Z M
D E S I C M U C R I C J Y
J Q S C R R X L D D Y N N
N K N E Y A R B W J E W M
M V N Y C T B E G A M I Y
T K G O S I H R N Y G N J
R T X I W E T I A E T N N
J O R Z V L S C A B W V K
F H T A N N E Z A N B E B
C R L A A D L D B R Z W D
D S E L E O F T G Q P D D
W X L E L R K M N E D L L
Y T N D Z B C K L P Z N Y
```

Do not lie to each other, since you have taken off your <u>old</u> <u>self</u> with its <u>practices</u> and have put on the new self, which is being <u>renewed</u> in <u>knowledge</u> in the <u>image</u> of its <u>Creator</u>. Here there is no <u>Gentile</u> or <u>Jew</u>, <u>circumcised</u> or uncircumcised, <u>barbarian</u>, <u>Scythian</u>, <u>slave</u> or <u>free</u>, but <u>Christ</u> is <u>all</u>, and is in all.

OLD	JEW
SELF	CIRCUMCISED
PRACTICES	BARBARIAN
RENEWED	SCYTHIAN
KNOWLEDGE	SLAVE
IMAGE	FREE
CREATOR	CHRIST
GENTILE	ALL

1 Timothy 2:5-6

```
W M H I M S E L F D A T
D I E G K B Y R O L J Z
N T T D M X Z G L R N M
I D T N I O W Z B Z W N
K G E E E A S E X P L D
N N N L S S T N R T C L
A O N U P W S O A H T M
M Z S G E O P E R R X G
Y E A E L E E I D P R D
J V N R R Z S P E M I T
E J R V K T K T K J P Z
```

For there is <u>one</u> <u>God</u> and one <u>mediator</u> <u>between</u> God and <u>mankind</u>, the man <u>Christ</u> Jesus, who <u>gave</u> <u>himself</u> as a <u>ransom</u> for <u>all</u> people. This has now been <u>witnessed</u> to at the <u>proper</u> <u>time</u>.

ONE	HIMSELF
GOD	RANSOM
MEDIATOR	ALL
BETWEEN	PEOPLE
MANKIND	WITNESSED
CHRIST	PROPER
JESUS	TIME
GAVE	

2 Timothy 1:6-7

```
P  L  G  S  Y  L  L  Y  R  Y  N
G  I  F  T  D  O  A  E  X  R  Q
L  L  D  M  R  N  W  Y  A  D  E
R  D  W  T  D  O  A  E  I  M  M
J  E  N  B  P  S  F  H  A  N  B
D  O  M  T  J  A  Y  L  K  G  G
C  B  M  I  M  E  F  J  A  E  X
N  P  W  R  N  R  R  V  V  J  G
R  A  T  I  M  D  E  O  G  B  G
J  D  F  P  R  J  L  R  L  O  P
X  T  N  S  V  D  K  K  R  T  D
```

For this <u>reason</u> I <u>remind</u> you to <u>fan</u> into <u>flame</u> the <u>gift</u> of <u>God</u>, which is in you through the <u>laying</u> on of my <u>hands</u>, for God <u>gave</u> us a <u>spirit</u> not of <u>fear</u> but of <u>power</u> and <u>love</u> and self-<u>control</u>.

REASON	HANDS
REMIND	GAVE
FAN	SPIRIT
FLAME	FEAR
GIFT	POWER
GOD	LOVE
LAYING	CONTROL

2 Timothy 1:9

```
D E V R E S E D P B T D
B J N B E S T L V B R Q
E Y G F H D A N E T M T
F V I O E N S G H T N Z
O L W L N A I R M T L Z
R T L W V N O G R A C E
E A S E N U S E L V W W
C D D I G Y V U E M I T
V O N H R I L T S M X L
D G D Z L H D O X E Y D
D J G L Q V C L H T J J
```

For <u>God</u> <u>saved</u> us and <u>called</u> us to <u>live</u> a <u>holy</u> <u>life</u>. He did this, not because we <u>deserved</u> it, but because that was his <u>plan</u> from <u>before</u> the <u>beginning</u> of <u>time</u>— to <u>show</u> us his <u>grace</u> <u>through</u> Christ Jesus.

GOD	BEFORE
SAVED	BEGINNING
CALLED	TIME
LIVE	SHOW
HOLY	GRACE
LIFE	THROUGH
DESERVED	CHRIST
PLAN	JESUS

2 Timothy 1:10

```
Y T I L A T R O M M I Z
G I L L U M I N A T E D
N I A L P Y J B S L N Y
I E S Q G E T I I H G B
R K P A S V R F G W A Y
A O D U V H E U S W E N
E R S O C I O P O W E R
P B N G O R O D E A T H
P Q Y O H G M R R N N P
A B D T W L M J M W J G
```

And <u>now</u> he has made all of this <u>plain</u> to us by the <u>appearing</u> of <u>Christ</u> <u>Jesus</u>, our <u>Savior</u>. He <u>broke</u> the <u>power</u> of <u>death</u> and <u>illuminated</u> the <u>way</u> to <u>life</u> and <u>immortality</u> <u>through</u> the <u>Good</u> <u>News</u>.

NOW	DEATH
PLAIN	ILLUMINATED
APPEARING	WAY
CHRIST	LIFE
JESUS	IMMORTALITY
SAVIOR	THROUGH
BROKE	GOOD
POWER	NEWS

2 Timothy 2:25-26

```
D Y B G Q Z M Q Z R N J Y G
E C O M E Q N H Q D T T D N
V M Z N T Z R Z E T X D P L
I E V I T P A C Y A T Q Y L
L N Z J T D E J Y L R J Q X
L Y S R X P L L G G T T K M
T M U T A Q B V E O Q N S Z
Z T D R R S C S D M D E E V
H X T G E U C H M G S L D G
B L M S B A C L A O J D J N
T L N Y P N G T P N L P D N
K E V E J Q N P X E G L R T
S M B Y V R O K H W M E V L
```

Gently *instruct* those who *oppose* the *truth*. Perhaps *God* will *change* those people's *hearts*, and they will *learn* the truth. Then they will *come* to their *senses* and *escape* from the *devil's* *trap*. For they have been *held* *captive* by him to do whatever he wants.

GENTLY	COME
INSTRUCT	SENSES
OPPOSE	ESCAPE
TRUTH	DEVIL
GOD	TRAP
CHANGE	HELD
HEARTS	CAPTIVE
LEARN	

2 Timothy 4:18

```
K P Y J Y R D N W N W M Y X
I R J R K Y E E Y Y R K Z X
N N J M E M M L L Y D R J M
G R T D A V K B W I Y T F V
D P O J M B E J M M V O X X
O G B N M Q K R N K R E L Z
M L J P Q C X D Y E Q K R D
P N J T A Q Z L V B Q X Z N
T K D T L T N E Y B Y D Z K
Y N T O T E R L G Y R O L G
Q A R M V Y E T L N L I V E
T D S A J F T M L K I Y T R
M E E L A N W P I R G R M J
Y H R S M T K Y W L M T B D
```

Yes, and the Lord will deliver me from every evil attack and will bring me safely into his heavenly Kingdom. All glory to God forever and ever! Amen.

YES	SAFELY
LORD	HEAVENLY
WILL	KINGDOM
DELIVER	GLORY
EVERY	GOD
EVIL	FOREVER
ATTACK	AMEN
BRING	

Titus 2:11-13

```
W O R L D L Y D T Z D T X K M
D Q N M B J M V B P J G W R D
N D T B L R J T T L G E C K N
S A L V A T I O N N E H S O M
D E R A E P P A I W R S I U J
R M E Y G B N N A I R T S N S
M O V Z N J I I S Q A T D E N
V R I N V A T T Q T H Q L J D
D T L V R M P M S G E V B N K
Y Y B T A J T E I G R C T R N
Y H B M P S F R Z D O T A G T
L D O D L I P T X N R D L R B
Y Q Q P N U B Y R P P O L Z G
X J D A E W L B X L R R L Y M
T X M J N M M G Q Y Z Z Y R Z
```

For the *grace* of God has *appeared*, bringing *salvation* to all, *training* us to renounce impiety and *worldly* passions, and in the present age to *live* lives that are self-controlled, *upright*, and *godly*, while we *wait* for the *blessed* hope and the *manifestation* of the *glory* of our great God and *Savior*, *Jesus Christ*.

GRACE
APPEARED
SALVATION
TRAINING
WORLDLY
LIVE
UPRIGHT
GODLY
WAIT

BLESSED
HOPE
MANIFESTATION
GLORY
SAVIOR
JESUS
CHRIST

Titus 2:14

```
D D Z C N G J Y D D W Y Y N
E V A G O L J R R M N D N G
R Z W K B M E K B J V J Y Y
B Y K L X N M S L M Q R L Q
B N J P Y P V I N R A L Y B
S I N Z E R T N T A A K E B
L R R O S D E E D T E V E Y
Z N P K I N D V O D E L R R
W L L V T O G T E R F D C M
E Z L D O R N F Y M L R B L
J R N G B M I D N J L T E B
Y V B W Y L O M Z M T W Q E
M Y B Q O R D Q D M W R M Y
```

He gave his life to free us from every kind of sin, to cleanse us, and to make us his very own people, totally committed to doing good deeds.

GAVE	VERY
LIFE	OWN
FREE	PEOPLE
EVERY	TOTALLY
KIND	COMMITTED
SIN	DOING
CLEANSE	GOOD
MAKE	DEEDS

Hebrews 2:3

```
L Y X Q L J L Z G W D P
N O I T A V L A S E M I
P D N E T K T S C Y G L
K P D Z S Y N N U N L J
M A K E S C U I O S T T
G T E P R O A R H D E L
R S D P N E E P R T O J
E R Y N S Z V A E R L Y
A I A W D D E I D Z M Z
T F X J Q H L T L T M V
P R G G Q T R Z B E M R
N M R M N M X Y M R D G
```

So what _makes_ us _think_ we can _escape_ if we _ignore_ this _great_ _salvation_ that was _first_ _announced_ by the _Lord_ Jesus himself and then _delivered_ to us by those who _heard_ him _speak_?

MAKES	ANNOUNCED
THINK	LORD
ESCAPE	JESUS
IGNORE	DELIVERED
GREAT	HEARD
SALVATION	SPEAK
FIRST	

Hebrews 2:8b-9

```
A S U F F E R E D N S
U A G H L N T E O G V
T N L O L I N I N D R
H G O N Z W T I E E D
O E R O O I H T W Y V
R L Y R S T S O L L M
I S C O J A L H L E N
T E P P T E T A C V P
Y E B X N A S A V Z Y
Y N L Q E Z R U N V K
T R V D Y G J T S Y Y
```

But we have not yet <u>seen</u> <u>all</u> <u>things</u> put under their <u>authority</u>. What we do see is <u>Jesus</u>, who for a little while was given a <u>position</u> "a <u>little</u> <u>lower</u> than the <u>angels</u>"; and because he <u>suffered</u> <u>death</u> for us, he is now "<u>crowned</u> with <u>glory</u> and <u>honor</u>." Yes, by God's <u>grace</u>, Jesus <u>tasted</u> death for everyone.

SEEN	ANGELS
ALL	SUFFERED
THINGS	DEATH
AUTHORITY	CROWNED
JESUS	GLORY
POSITION	HONOR
LITTLE	GRACE
LOWER	TASTED

Hebrews 2:14-15

```
Y T I N A M U H D
S L A V E R Y N B
C H I L D R E N D
F J N E I O A P M
W L A B L V O E D
E T E I R W E L F
H E V S E E E D B
R E R R H H A M L
S R Q F T Y M K R
```

Since the <u>children</u> have <u>flesh</u> and <u>blood</u>, he too shared in their <u>humanity</u> so that by his <u>death</u> he might <u>break</u> the <u>power</u> of him who holds the power of death—that is, the <u>devil</u>—and <u>free</u> those who all their <u>lives</u> were <u>held</u> in <u>slavery</u> by their <u>fear</u> of death.

CHILDREN	DEVIL
FLESH	FREE
BLOOD	LIVES
HUMANITY	HELD
DEATH	SLAVERY
BREAK	FEAR
POWER	

Hebrews 4:14-15

```
T B S D N A T S R E D N U T
E D B W E A K N E S S E S Y
S D E R E T N E H E A V E N
T D Y T S G D D V H S R L L
I W R L R U E L L E I I J Z
N D R E M C S Z O M I G N N
G V A W A R T E Y H V L H Q
S T W F B S I R J G N Q E K
Z B G R E M M F P N Q Y K B
T Y L I R D N M D L B D V M
P Z R W Z G J B X R M R D J
B P K R R B L J J Q L M M Y
```

So then, since we have a <u>great</u> <u>High</u> <u>Priest</u> who has <u>entered</u> <u>heaven</u>, <u>Jesus</u> the Son of God, let us <u>hold</u> <u>firmly</u> to what we <u>believe</u>. This High Priest of ours <u>understands</u> our <u>weaknesses</u>, for he <u>faced</u> all of the same <u>testings</u> we do, yet he did not <u>sin</u>.

GREAT	FIRMLY
HIGH	BELIEVE
PRIEST	UNDERSTANDS
ENTERED	WEAKNESSES
HEAVEN	FACED
JESUS	TESTINGS
HOLD	SIN

Hebrews 4:16

```
Q R N L B W Z V T L W P F
T H E R E F O R E M E I N
S S E N D L O B E N N Q L
P H L X Z N K R O D E M D
L P C M K N C R T C B E K
E M R A L Y H Z A I E G P
H D L E O T Z R L N M B B
R Y Q Z C R G B N N N T E
X K T M Z E P M W D D J Y
Y N G K R K I P J M R K L
M B Q L X D L V A L Q N Q
Y Z P V J T Z K E Z L Y M
```

Let us therefore approach the throne of grace with boldness, so that we may receive mercy and find grace to help in time of need.

THEREFORE	MERCY
APPROACH	FIND
THRONE	HELP
GRACE	TIME
BOLDNESS	NEED
RECEIVE	

Hebrews 6:19-20a

```
F S C U R T A I N K L
O A T L D P L A C E H
R L N E U N D Z T G R
E K T C A O I N I E B
R B R S H D S H V K S
U P E O E O F E E R L
N S P H R I R A E B S
N E U E A O R T S U L
E B N R F L N P S T J
R N B B E E F E K Z Y
I V Y M W B J M R R B
```

We have this as a <u>sure</u> and <u>steadfast</u> <u>anchor</u> of the <u>soul</u>, a <u>hope</u> that <u>enters</u> into the <u>inner</u> <u>place</u> <u>behind</u> the <u>curtain</u>, where <u>Jesus</u> has gone as a <u>forerunner</u> on our <u>behalf</u>, having become a <u>high</u> <u>priest</u> <u>forever</u> after the order of Melchizedek.

SURE	BEHIND
STEADFAST	CURTAIN
ANCHOR	JESUS
SOUL	FORERUNNER
HOPE	BEHALF
ENTERS	HIGH
INNER	PRIEST
PLACE	FOREVER

Hebrews 7:18-19

```
P I V N T T H T S G C
E Y N Q X O L S J O Y
R J P T P N E W M L M
F H R E R N T M A R N
E A Z E K O A R E L E
C N N A T N D M A D D
T D E D D T R U I E G
W W R M P O E S C O N
Q A E J F L A B D E D
W N L J L J N B P B D
T Z Y B N P P R L P B
```

For on the one <u>hand</u>, a <u>former</u> <u>commandment</u> is set <u>aside</u> because of its <u>weakness</u> and uselessness (for the <u>law</u> made nothing <u>perfect</u>); but on the other hand, a <u>better</u> <u>hope</u> is <u>introduced</u>, through which we <u>draw</u> <u>near</u> to <u>God</u>.

HAND
FORMER
COMMANDMENT
ASIDE
WEAKNESS
LAW
PERFECT

BETTER
HOPE
INTRODUCED
DRAW
NEAR
GOD

Hebrews 9:13-14

```
S L P I H S R O W M C L R X
A X A X O T L Y N O J R B L
N H D N Z F F X N R V L P J
C B S X R I F S Q C L D R D
T W X I R E C E H S T A O G
I H I U M I T R R I X W M M
F E P T E E I E R E B V N Y
I I L N H S L I W U D L B B
E F C D T O P B L I V I N G
S E N O D S U L B L O O D T
N R W G X M S T N J V G G Z
```

For if the blood of <u>goats</u> and <u>bulls</u>, with the sprinkling of the ashes of a <u>heifer</u>, <u>sanctifies</u> those who have been defiled so that their flesh is purified, how much more will the <u>blood</u> of <u>Christ</u>, who through the <u>eternal</u> <u>Spirit</u> <u>offered</u> himself <u>without</u> <u>blemish</u> to God, <u>purify</u> our <u>conscience</u> from dead works to <u>worship</u> the <u>living</u> God!

GOATS	OFFERED
BULLS	WITHOUT
HEIFER	BLEMISH
SANCTIFIES	PURIFY
BLOOD	CONSCIENCE
CHRIST	WORSHIP
ETERNAL	LIVING
SPIRIT	GOD

Hebrews 9:15

```
E C N A T I R E H N I K R K J N
L J N P J M B Y T D N W B K L Q
M B V J N B M Q R L D T P Y P Y
L T B T W N N D J L N P T Y D P
D R R F N K M Z M O R W B B J Q
Y J R O V A E P S D D D M R Q Q
P E J Y T T N A R Y T T K G T Y
E R X Y E A E E B O D S D T L M
T N A R N R I N V E M W I G N L
N C N N M R Q D T O L I L R M N
T A A L S R E T E L C D S W H L
L T M L G O I C S M Z E R E G C
S N I S L M M E E T Y I N N D N
N L Q R M E T Z G I T D D M R V
Y Y Y O N R D Y D B V B V L D N
R D C N B T G W B X V E J Z T D
```

For this <u>reason</u> <u>Christ</u> is the <u>mediator</u> of a <u>new</u> <u>covenant</u>, that those who are <u>called</u> may <u>receive</u> the <u>promised</u> <u>eternal</u> <u>inheritance</u>—now that he has <u>died</u> as a <u>ransom</u> to <u>set</u> them <u>free</u> from the <u>sins</u> <u>committed</u> under the first covenant.

REASON	ETERNAL
CHRIST	INHERITANCE
MEDIATOR	DIED
NEW	RANSOM
COVENANT	SET
CALLED	FREE
RECEIVE	SINS
PROMISED	COMMITTED

Hebrews 10:1

```
Q Z B N Y N D R G Q P Y K
P D M X D M Z N M B D R M
S A C R I F I C E S B Q N
P Y W D E S W E I V E R P
Y R O O N P P E W L T Q Y
S O O A R E E O M H J Q W
G Y E V R S D A I O M D Q
N L S F I A H N T O C Q N
C N E T H D G I S E L D M
Y C P S E S E E P A D Y R
T W R N Z M S M W P Y W J
```

The old <u>system</u> under the <u>law</u> of <u>Moses</u> was only a <u>shadow</u>, a dim <u>preview</u> of the <u>good</u> <u>things</u> to <u>come</u>, not the good things themselves. The <u>sacrifices</u> under that system were <u>repeated</u> again and again, year after year, but they were never able to <u>provide</u> <u>perfect</u> <u>cleansing</u> for those who came to <u>worship</u>.

SYSTEM	COME
LAW	SACRIFICES
MOSES	REPEATED
SHADOW	PROVIDE
PREVIEW	PERFECT
GOOD	CLEANSING
THINGS	WORSHIP

Hebrews 12:1-2a

```
D S E S S E N T I W
E N W F S L O W S E
D O E A Z P R U N P
N I I T S I D E L
U P G T C E U R Z T
O M H H C R F S T J
R A T A A E O R E S
R H R N C N I W E J
U C C T I P K Y D Y
S E S S S Y E J N G
```

Therefore, since we are <u>surrounded</u> by such a huge <u>crowd</u> of <u>witnesses</u> to the life of <u>faith</u>, let us <u>strip</u> off every <u>weight</u> that <u>slows</u> us down, especially the <u>sin</u> that so easily <u>trips</u> us up. And let us <u>run</u> with <u>endurance</u> the <u>race</u> God has set before us. We do this by keeping our <u>eyes</u> on <u>Jesus</u>, the <u>champion</u> who initiates and <u>perfects</u> our faith.

SURROUNDED	TRIPS
CROWD	RUN
WITNESSES	ENDURANCE
FAITH	RACE
STRIP	EYES
WEIGHT	JESUS
SLOWS	CHAMPION
SIN	PERFECTS

Hebrews 13:5

```
P L X R L I V E S M R
C E N E V E R W Q N D
O L E E K A S R O F V
N V E K F M Y E L T Y
T T L A O R V T Y G M
E Y A N V A E D R Z W
N D E H H E O E V O L
T Y Z L W G V L N D K
```

Keep your _lives_ _free_ from the _love_ of _money_ and be _content_ with _what_ you _have_, because _God_ has said, "_Never_ will I _leave_ you; never will I _forsake_ you."

KEEP	WHAT
LIVES	HAVE
FREE	GOD
LOVE	NEVER
MONEY	LEAVE
CONTENT	FORSAKE

Hebrews 13:8-9

```
Y L B Y L L B Y P P L D T
D E N E H T G N E R T S Q
T G S T E A C H I N G S V
S N A T D W F E D Q L K N
I A M N E O S E Y S Y N M
R R E D R R V A U G D R N
H T M E E O D S R D O O G
C S V V T O E A H E A R T
B E I E T J C M Y N Q R B
R D D R G E J B X R G V Y
```

Jesus Christ is the same yesterday and today and forever. Do not be led away by diverse and strange teachings, for it is good for the heart to be strengthened by grace, not by foods, which have not benefited those devoted to them.

JESUS
CHRIST
SAME
YESTERDAY
TODAY
FOREVER
DIVERSE

STRANGE
TEACHINGS
GOOD
HEART
STRENGTHENED
GRACE
DEVOTED

Hebrews 13:11-12

```
S U S E J R T T J M B M L
Y Q P R G S U F F E R E D
L E W R J N Y N B Q G G L
O W C Y I T I L D A A L R
H Q A A I E O R N T K L Q
P T R C L O S I E T S E N
T P R Z D P M T S F L I N
K K I J Y A N O D P F N N
H L E N L D M T O D L O X
B I S S J T R E Z Y Z D N
R X G Y J R P R Y Y L G L
B R R H Z W T J N T K T T
```

The <u>high</u> <u>priest</u> <u>carries</u> the <u>blood</u> of <u>animals</u> into the <u>Most</u> <u>Holy</u> <u>Place</u> as a <u>sin</u> <u>offering</u>, but the bodies are burned outside the camp. And so <u>Jesus</u> also <u>suffered</u> outside the <u>city</u> <u>gate</u> to make the <u>people</u> holy through his own blood.

HIGH
PRIEST
CARRIES
BLOOD
ANIMALS
MOST
HOLY
PLACE

SIN
OFFERING
JESUS
SUFFERED
CITY
GATE
PEOPLE

Hebrews 13:14-15

```
S N W Q Z Y Y Q W J Y D G
A A G V J R Q N J L N B N
C M R O E R N P L Y G T T
R E D F D N Y A W N M Y E
I T F E N D U R I N G R Q
F O H L L N M K Y K E T G
I J J R I I O Q Y H M X E
C D E T O O P R O F E S S
E C N S L U T S Y L I B D
N O O Y U I G T G A X J B
C T L M U S I H R G G J Q
N T Z R E C L P T L L Z T
N R F T J P Y R Y R D N X
```

For *here* we do not have an *enduring* *city*, but we are *looking* for the city that is to *come*. *Through* *Jesus*, therefore, let us *continually* *offer* to *God* a *sacrifice* of *praise*—the *fruit* of *lips* that openly *profess* his *name*.

HERE	OFFER
ENDURING	GOD
CITY	SACRIFICE
LOOKING	PRAISE
COME	FRUIT
THROUGH	LIPS
JESUS	PROFESS
CONTINUALLY	NAME

Hebrews 13:20-21

```
P T V R K G B S M D R N E Q T
L S M Y R B T K H M M C W H V
E N H N L E R X M E A X G L M
A M D E G B T N W E E I P D G
S M D Y P C K E P W S P O W T
I V Y G N H O Y R L E O D H T
N W R T R R E V N N L Q G Q L
G J O M J R P R E B A U U S R
R G N R G M B N D N O L U I G
E R L B K J L T D R A S P Z P
A L J Y X I T J B G E N D Y D
T L Q J V J N Q J J G R T A R
Q G L T R N K G Q D O D E Y L
L B Y L D D B J X L O D D B J
K X M B B Y J M Z T D Q L B M
```

Now may the God of <u>peace</u>, who <u>brought</u> up from the <u>dead</u> the <u>great</u> <u>Shepherd</u> of the <u>sheep</u> through the <u>blood</u> of the <u>eternal</u> <u>covenant</u>, that is, <u>Jesus</u> our <u>Lord</u>, <u>equip</u> you in every <u>good</u> thing to do His will, <u>working</u> in us that which is <u>pleasing</u> in His <u>sight</u>, through Jesus Christ, to whom be the glory forever and ever. Amen.

PEACE
BROUGHT
DEAD
GREAT
SHEPHERD
SHEEP
BLOOD
ETERNAL

COVENANT
JESUS
LORD
EQUIP
GOOD
WORKING
PLEASING
SIGHT

James 1:25

```
Y L L U F E R A C
S K F Y S H P Y T
S O G O E E E R F
E O M A R D T S Z
L L R F O G Y S Y
B D E I W A E G D
R C N B S A O T T
T G X R K D L R P
```

But if you <u>look</u> <u>carefully</u> into the <u>perfect</u> <u>law</u> that <u>sets</u> you <u>free</u>, and if you do what it <u>says</u> and don't <u>forget</u> what you <u>heard</u>, then <u>God</u> will <u>bless</u> you for <u>doing</u> it.

LOOK
CAREFULLY
PERFECT
LAW
SETS
FREE

SAYS
FORGET
HEARD
GOD
BLESS
DOING

James 2:12-13

```
S E N L T U O H T I W
H F S G O I N G T R Q
P D R U G Y S B D D L
M E A E A P N W O H S
U G D N E C Y C R E M
I D R A Y D E O V E R
R U K W T O O B Q V P
T J A K V C N M R T P
D L T L L Z A E R G J
```

Speak and *act* as those who are *going* to
be *judged* by the *law* that gives *freedom*,
because judgment *without* *mercy* will
be *shown* to *anyone* who has not been
merciful. Mercy *triumphs* *over* judgment.

SPEAK
ACT
GOING
JUDGED
LAW
FREEDOM
BECAUSE

WITHOUT
MERCY
SHOWN
ANYONE
TRIUMPHS
OVER

1 Peter 1:18-19

```
S E M P T Y M D Y D
I S A V E O T J I S
N L M W S J E A U S
L C A N S U P O S D
E H A M L I I E O B
S R G A B C L O M D
S I V G E T L V L T
L S G R O B G I E T
D T P P M L P O F R
N N S D K M D V D E
```

For you know that <u>God</u> <u>paid</u> a <u>ransom</u> to <u>save</u> you from the <u>empty</u> <u>life</u> you inherited from your ancestors. And it was not paid with mere <u>gold</u> or <u>silver</u>, which lose their <u>value</u>. It was the <u>precious</u> <u>blood</u> of <u>Christ</u>, the <u>sinless</u>, <u>spotless</u> <u>Lamb</u> of God.

GOD
PAID
RANSOM
SAVE
EMPTY
LIFE
GOLD
SILVER

VALUE
PRECIOUS
BLOOD
CHRIST
SINLESS
SPOTLESS
LAMB

1 Peter 1:23

```
Q B W M K N X N V N L T
U Y G T R V Q J K A Y M
I L I V I N G Z N Z T R
C L W R P D R R Z W E D
K T I O M Z E M D V W D
L M T F R T G S E N O M
Y P L N E D E R B G K K
A G A I N M O T R O D D
K R S Z O F J Y M N R W
Z Z T C Q N Y V E L E N
M M X Z R M B Z Z N R Y
```

For you have been <u>born</u> <u>again</u>, but not to a <u>life</u> that will <u>quickly</u> <u>end</u>. Your <u>new</u> life will <u>last</u> <u>forever</u> because it <u>comes</u> from the <u>eternal</u>, <u>living</u> <u>word</u> of <u>God</u>.

BORN
AGAIN
LIFE
QUICKLY
END
NEW
LAST

FOREVER
COMES
ETERNAL
LIVING
WORD
GOD

1 Peter 2:16-17a

```
L H V N L J X G X X N Q
I E O E V I L O R P M D
V Q L N N L D D L P Z C
E T M P O K Y K J M O S
V E J O O R P R Q V T W
L Z V V D E K R E N L U
D D Z E G E P R A M S R
K B Z B R T E V M I B M
V N J M Y Y R R N W W T
M J P T Q E O G F B M D
D Q Y Y S T N M W V N
X J M R J Z Z Y E B N W
```

Live as *people* who are free, not *using* your *freedom* as a *cover*-up for *evil*, but living as *servants* of God. *Honor* *everyone*.

LIVE	EVIL
PEOPLE	SERVANTS
USING	GOD
FREEDOM	HONOR
COVER	EVERYONE

1 Peter 2:24-25

```
P M Z T X Q Z W D K K N Z R X
R W L J R N D E J Z R L S D N
T J D R V Q N M Y L B S M V B
S X D R Y R Y A N Y E O M Y B
H H L N U L R W N N J B D K D
E D E T W T N A S W T L P Y R
A R E P S B I U S O U L S M B
L R R A H D O S I N S F E K Z
E P X T R E W K X V X R R D B
D M R A T S R O Y X O B B E S
T X U H E M H D U B Y Y X S E
N G G V G Q R E Y N L Y O J X
M I I Y V N K Y E K D R N T R
R L L R M B P Q D P C S R Q J
```

He himself _bore_ our _sins_ in his _body_
on the _cross_, so that, _free_ from sins,
we might _live_ for _righteousness_; by his
wounds you have been _healed_. For you
were going _astray_ like _sheep_, but now
you have _returned_ to the _shepherd_ and
guardian of your _souls_.

BORE	HEALED
SINS	ASTRAY
BODY	SHEEP
CROSS	RETURNED
FREE	SHEPHERD
LIVE	GUARDIAN
RIGHTEOUSNESS	SOULS
WOUNDS	

1 Peter 5:10

```
S S N K J V E F N G N
T H T Q I L A R I O K
R A P S T N D F I R T
E R R T U E D T T S M
N E I E L F A N I E T
G L T L S D F R E R R
T L A E N T H E O S S
H C O U R C O P R U S
E G O R R N P R S E K
N F O B Y U A E E D D
M Y B D S R J L J L N
```

In his <u>kindness</u> <u>God</u> <u>called</u> you to <u>share</u> in his <u>eternal</u> <u>glory</u> by means of <u>Christ</u> <u>Jesus</u>. So <u>after</u> you have <u>suffered</u> a <u>little</u> while, he will <u>restore</u>, <u>support</u>, and <u>strengthen</u> you, and he will place you on a <u>firm</u> <u>foundation</u>.

KINDNESS	AFTER
GOD	SUFFERED
CALLED	LITTLE
SHARE	RESTORE
ETERNAL	SUPPORT
GLORY	STRENGTHEN
CHRIST	FIRM
JESUS	FOUNDATION

2 Peter 1:2-3

```
G E V E R Y T H I N G
O R C M D E R D E E N
O J Y N C E E O G W N
D D E A A N L D L L K
N E E S I D E L T G J
E P C V U L N P A N L
S D I A W S O U E C Y
S D R O R W G V B J P
R N N O E G I O T A Y
N K G R L G N T D T D
```

Grace and *peace* be yours in *abundance* through the *knowledge* of *God* and of *Jesus* our *Lord*. His *divine* *power* has *given* us *everything* we *need* for a godly life through our knowledge of him who *called* us by his own *glory* and *goodness*.

GRACE	POWER
PEACE	GIVEN
ABUNDANCE	EVERYTHING
KNOWLEDGE	NEED
GOD	CALLED
JESUS	GLORY
LORD	GOODNESS
DIVINE	

2 Peter 1:4

```
E N A B L E E R U T A N
C P R O M I S E S Z C R
N D S B E X G G N O Y K
E E D U J P L I R B T T
L S I T O O A R V A Y R
L I V H R I U C E E E Z
E R I Y U P C R S R N D
C E N B T M G E A E R W
X S E I V R A H R V T Z
E Y O P Z Y S N L P R X
M N M X L N J R L R N L
```

And because of his <u>glory</u> and <u>excellence</u>, he has <u>given</u> us <u>great</u> and <u>precious</u> <u>promises</u>. These are the promises that <u>enable</u> you to <u>share</u> his <u>divine</u> <u>nature</u> and <u>escape</u> the world's <u>corruption</u> caused by <u>human</u> <u>desires</u>.

GLORY

EXCELLENCE

GIVEN

GREAT

PRECIOUS

PROMISES

ENABLE

SHARE

DIVINE

NATURE

ESCAPE

CORRUPTION

HUMAN

DESIRES

2 Peter 1:10-11

```
C E R T A I N T J S P M B
S C R B J P N T R E O M E
A J H D R E R E J D S C D
V T X R G O T A G R N U M
I Y Y I I S T N C A R X S
O J L B I S I H R T E X L
R I V S J K T T E L I A D
D C A L L I N G B R N C B
L D H Z D E Z M Z R S Z E
O N M O T R U N E V E R T
R B R K I T X T R N Q Q Y
D B J P S C E R M W Y X L
L L D M R T E V T D R T G
```

Therefore, <u>brothers</u> and <u>sisters</u>, be all the more <u>diligent</u> to make <u>certain</u> about His <u>calling</u> and <u>choice</u> of you; for as long as you <u>practice</u> these things, you will <u>never</u> <u>stumble</u>; for in this way the <u>entrance</u> into the <u>eternal</u> <u>kingdom</u> of our <u>Lord</u> and <u>Savior</u> <u>Jesus</u> <u>Christ</u> will be abundantly supplied to you.

BROTHERS	STUMBLE
SISTERS	ENTRANCE
DILIGENT	ETERNAL
CERTAIN	KINGDOM
CALLING	LORD
CHOICE	SAVIOR
PRACTICE	JESUS
NEVER	CHRIST

2 Peter 2:20

```
N T G N I N N I G E B
E O W K G W R Z N P R
M C I G N O O T Q E K
O H D T I O A R S X N
C R T V P N W C S S K
R I A W G U A I U E W
E S L L O P R S N X D
V T E O E R E R Q G V
O D M D R J L N O M V
J M N R N D Z D D C X
```

If they have <u>escaped</u> the <u>corruption</u> of the <u>world</u> by <u>knowing</u> our <u>Lord</u> and <u>Savior</u> <u>Jesus</u> <u>Christ</u> and are again <u>entangled</u> in it and are <u>overcome</u>, they are <u>worse</u> off at the <u>end</u> than they were at the <u>beginning</u>.

ESCAPED   CHRIST
CORRUPTION   ENTANGLED
WORLD   OVERCOME
KNOWING   WORSE
LORD   END
SAVIOR   BEGINNING
JESUS

1 John 1:1b-2

```
R Y E I T S E L F N R M
P E L T D Y R B Y D T T
R S V K E E M F N O W T
O E N E H R I T L T V J
C E W T A T N D Z B R M
L N A I S L E A W O R D
A F X E T N E K L I F E
I T T X O H T D R J N M
M R D P M N P L Q T Q T
```

He is the Underline Word of Underline life. This Underline one who is life Underline itself was Underline revealed to us, and we have Underline seen him. And Underline now we Underline testify and Underline proclaim to you that he is the one who is Underline eternal life. He was Underline with the Underline Father, and then he was revealed to us.

WORD	NOW
LIFE	TESTIFY
ONE	PROCLAIM
ITSELF	ETERNAL
REVEALED	WITH
SEEN	FATHER

1 John 2:1

```
R I G H T E O U S V Y B L Q
A R C K T T N G F A T H E R
D D R H S H N T S H T T D B
O D V I I I E U H D A M Q K
E Q R O T L S S X I Z V V L
S H L I C E D W E E N E Q
C W R I J A N R N L Q G K W
W W D L T J T O E L L J S L
J L Q M Q T Y E Q N D J T G
G G L Y W N L S I N T B N Q
N G R Q A T X E L X G K G M
```

My <u>little</u> <u>children</u>, I am <u>writing</u> <u>these</u> <u>things</u> to you so that you may not <u>sin</u>. But if <u>anyone</u> <u>does</u> sin, we <u>have</u> an <u>advocate</u> with the <u>Father</u>, <u>Jesus</u> <u>Christ</u> the <u>righteous</u>.

LITTLE	DOES
CHILDREN	HAVE
WRITING	ADVOCATE
THESE	FATHER
THINGS	JESUS
SIN	CHRIST
ANYONE	RIGHTEOUS

1 John 2:24-25

```
R B P T G L Y Y L W M G
Y T D R M W J D D N N P
P R X Q O Y L P G I N T
H E A R D M R V N O T W
V N E T T E I N S E Q N
N N A T H M I S D M E E
L H L T E G L I E H D R
W I A E E R B Z T A T K
L F F B T A N D M R T W
G R M E N Y R A T N X R
L Z K G J Y P T L M J L
```

Let _what_ you _heard_ from the _beginning_
abide in you. If what you heard from the
beginning abides in you, _then_ you too
will abide in the _Son_ and in the _Father_.
And this is the _promise_ that he _made_ to
us—_eternal_ _life_.

LET	SON
WHAT	FATHER
HEARD	PROMISE
BEGINNING	MADE
ABIDE	ETERNAL
THEN	LIFE

1 John 3:2-3

```
E K N O W W Y D R G
V C H I M S E L F D
E J H T P V K D O S
R U M I O M E G E J
Y S S L L R L I K E
O T E E A D F E P Q
N B E E T I R O G Z
E E P D R U H E B R
S P M U P L N Z N Q
A B P K J L Z Q J R
```

Beloved, now we are children of God, and it has not appeared as yet what we will be. We know that when He appears, we will be like Him, because we will see Him just as He is. And everyone who has this hope set on Him purifies himself, just as He is pure.

BELOVED	JUST
CHILDREN	EVERYONE
GOD	HOPE
APPEARED	SET
KNOW	PURIFIES
LIKE	HIMSELF
SEE	PURE

1 John 4:9-10

```
W S T H R O U G H N D Z
O N A B R T J Z O T T G
R D O C R E Q S S E N T
L T Y N R G V D X I Q Q
D Y W Y L I B E N P M Z
S Y T L P Y F O A T R E
I R R Y J T T I D L V J
N Y Z T Q A B O C I E Y
S Y L O V E G G L E R D
```

God's <u>love</u> was <u>revealed</u> among us in this way: <u>God</u> <u>sent</u> his <u>only</u> <u>Son</u> into the <u>world</u> so that we might <u>live</u> <u>through</u> him. In this is love, not that we loved God but that he loved us and sent his Son to be the <u>atoning</u> <u>sacrifice</u> for our <u>sins</u>.

LOVE	WORLD
REVEALED	LIVE
GOD	THROUGH
SENT	ATONING
ONLY	SACRIFICE
SON	SINS

1 John 4:13-16a

```
T L S D S Z F T Q L D Z W T
N O L A B P Y A S G J Z B N
T V B K V J I S T W O L Y M
E E Y E L I E R D H Q D M Y
S T M R L F O L I Y E S O N
T W W K N I W R X T T R Q Y
I K O O J N E A T R N Z N P
F N C R S T L V B E M E L D
Y O N U L L Z M E I V D J Q
X W S B B D X S X I D R T M
R E W V R Z R V G K L E X X
J Y B T N J L D M W V K X Y
```

*By this we <u>know</u> that we <u>abide</u> in him
and he in us, because he has <u>given</u> us
of his <u>Spirit</u>. And we have <u>seen</u> and do
<u>testify</u> that the <u>Father</u> has sent his <u>Son</u>
as the <u>Savior</u> of the <u>world</u>. God abides
in those who <u>confess</u> that <u>Jesus</u> is the
Son of <u>God</u>, and they abide in God. So
we have known and <u>believe</u> the <u>love</u> that
God has for us.*

KNOW	SAVIOR
ABIDE	WORLD
GIVEN	CONFESS
SPIRIT	JESUS
SEEN	GOD
TESTIFY	BELIEVE
FATHER	LOVE
SON	

1 John 5:4-5

```
S U S E J W T T M T G M T K
T Q Z N Q B E K T O Q H Q A
P Q V X T L T B D R R V G B
J D D D T N Y D D O I A E Q
D Z L T P R T P U C I L R B
L E A R E J N G T N I D M K
I B F V O T H O S E K M A D
V H E E D W R T V L Y C N N
E Y T B A Y Z E V L H J B J
D L Z I K T T V Z I P N W N
J L L D A M S Z E J M V I M
K D I K D F G V L T K M B W
V J D H K Y E G B W Q K G L
N D L B C R X Y K J B W R J
```

For <u>every</u> <u>child</u> of <u>God</u> <u>defeats</u> this <u>evil</u> <u>world</u>, and we <u>achieve</u> this <u>victory</u> <u>through</u> our <u>faith</u>. And who can <u>win</u> this <u>battle</u> <u>against</u> the world? Only those who <u>believe</u> that <u>Jesus</u> is the Son of God.

EVERY
CHILD
GOD
DEFEATS
EVIL
WORLD
ACHIEVE
VICTORY

THROUGH
FAITH
WIN
BATTLE
AGAINST
BELIEVE
JESUS

1 John 5:13-14

```
S A D E W W S L A W G J
S W N O M G I C N R Q V
E E N Y N A C L E X Z D
N K V I T O N T L M Y Q
D S H E R H E W W R B T
L T R D I R I R L I F E
O L I A N L I N S J T D
B N S A E T E O G Q K D
G K L X E H N B D O G M
```

I <u>write</u> these <u>things</u> to you who <u>believe</u> in the <u>name</u> of the <u>Son</u> of <u>God</u>, so that you may <u>know</u> that you have <u>eternal</u> <u>life</u>. And this is the <u>boldness</u> we have in him, that if we <u>ask</u> <u>anything</u> <u>according</u> to his <u>will</u>, he <u>hears</u> us.

WRITE
THINGS
BELIEVE
NAME
SON
GOD
KNOW
ETERNAL

LIFE
BOLDNESS
ASK
ANYTHING
ACCORDING
WILL
HEARS

1 John 5:19-20

```
U N L A N R E T E Q L G K
Z N E S B Y B R Y E S W R
X Q D R E Q R G Z U O O E
J N R E D I Q L Q R P L N
P K J Q R L L R L T O G D
R E D N U S I D T H O V P
G L L B X E T H W D V O Z
N I M L M R D A C K W X M
N V V O I D D X N E V M B
X E C E Q F W Y R D M B N
Y Y N T N R E O R W I N R
X T K R D V N M N K M N X
Z T K P M Q R D R K J B G
```

We <u>know</u> that we are God's <u>children</u>, and that the <u>whole world</u> <u>lies</u> <u>under</u> the <u>power</u> of the <u>evil</u> one. And we know that the <u>Son</u> of <u>God</u> has <u>come</u> and has <u>given</u> us <u>understanding</u> so that we may know him who is <u>true</u>; and we are in him who is true, in his Son Jesus Christ. He is the true God and <u>eternal</u> <u>life</u>.

KNOW	SON
CHILDREN	GOD
WHOLE	COME
WORLD	GIVEN
LIES	UNDERSTANDING
UNDER	TRUE
POWER	ETERNAL
EVIL	LIFE

Revelation 1:5b-6

```
K S R N L D Y L Q T
I D T W R R O E Y S
N E G S O V V O I Z
G E B L E R D N L F
D R G S E I S B A B
O F O S R R R T T R
M B D E R A H P E Z
V Y W D Q E M V D L
K O L A R D E E B Y
P J P M G M D B N Q
```

To him who <u>loves</u> us and has <u>freed</u> us
from our <u>sins</u> by his <u>blood</u>, and has <u>made</u>
us to be a <u>kingdom</u> and <u>priests</u> to <u>serve</u>
his <u>God</u> and <u>Father</u>—to him be <u>glory</u> and
<u>power</u> for <u>ever</u> and ever! <u>Amen</u>.

LOVES	SERVE
FREED	GOD
SINS	FATHER
BLOOD	GLORY
MADE	POWER
KINGDOM	EVER
PRIESTS	AMEN

Revelation 1:18b-19

```
F Y D T W B W R I T E M
E O K M E Z P H A V E T
K Q R H S L W M T Q V Y
A M O E A E N W D W Z R
T L A C V Z D Z M D G Q
D T E L G E G A E Y N D
D N H Y I Y R A H R R V
I W E I L V T M S Y E K
E R K E N H E T O V T V
D Q Z M S G L B B B R D K
N M B V Y Z S D Z T E Y
```

"I <u>died</u>, and <u>behold</u> I am <u>alive</u> <u>forevermore</u>, and I <u>have</u> the <u>keys</u> of <u>Death</u> and <u>Hades</u>. <u>Write</u> therefore the <u>things</u> that you have <u>seen</u>, those that are and those that are to <u>take</u> <u>place</u> after this."

DIED
BEHOLD
ALIVE
FOREVERMORE
HAVE
KEYS
DEATH
HADES
WRITE

THINGS
SEEN
TAKE
PLACE

Revelation 3:11-12

```
S E J S N E Z I T I C
N U M E L C Y N P L D
H T O A R J O I O L T
N E L I N U L M O O J
E W A E R L S H I Z S
N L O V A O W A W N Y
E D P R E V T R L T G
V O S M C N E C I E R
E W D L E Q R C I T M
R N B O T T D W Y V E
Z R R D G J V M R T M
```

I am coming soon. Hold on to what you have, so that no one will take away your crown. All who are victorious will become pillars in the Temple of my God, and they will never have to leave it. And I will write on them the name of my God, and they will be citizens in the city of my God—the new Jerusalem that comes down from heaven from my God.

COMING
SOON
HOLD
CROWN
VICTORIOUS
PILLARS
TEMPLE
GOD
NEVER

LEAVE
WRITE
NAME
CITIZENS
CITY
JERUSALEM
DOWN
HEAVEN

Revelation 17:14

```
F K I N G T L T L
B A R S A G O L T
M T I E E G W S A
A C F T E N N Y D
L E H T H I O E M
D D H O A F L T L
D E W G S L U O V
R X A B A E R L Y
Y M R C Z D N X M
```

"Together they will go to war against the Lamb, but the Lamb will defeat them because he is Lord of all lords and King of all kings. And his called and chosen and faithful ones will be with him."

TOGETHER	ALL
WAR	KING
AGAINST	CALLED
LAMB	CHOSEN
DEFEAT	FAITHFUL
LORD	ONES

Revelation 21:5a, 6

```
E T H I R S T Y R B R Z
J V J S R A A R E T A W
S E E L G G H G D F N M
I N Q R E N I P I L Z T
T O Y M Y N I N L M Y X
T R O L N T I R A A T W
I H J I E S H K P G B X
N T N F H E I I I S J M
G G I E N N R V N W E N
X L D D G Z E F L G N B
```

And the one <u>sitting</u> on the <u>throne</u> said, "Look, I am <u>making</u> <u>everything</u> <u>new</u>!" And he also said, "It is <u>finished</u>! I am the <u>Alpha</u> and the <u>Omega</u>—the <u>Beginning</u> and the <u>End</u>. To all who are <u>thirsty</u> I will <u>give</u> <u>freely</u> from the <u>springs</u> of the <u>water</u> of <u>life</u>."

SITTING	BEGINNING
THRONE	END
MAKING	THIRSTY
EVERYTHING	GIVE
NEW	FREELY
FINISHED	SPRINGS
ALPHA	WATER
OMEGA	LIFE

Revelation 22:17

```
S C D R R T Y K T B
E O T T E T F A R G
H M I R S T K I P Z
S E R R T E A L G B
I D I B B B B W X Y
W H P F R H E A R S
T L S I R F O K P W
T Z D Z I E V N L N
D E D L P W E N E N
```

*The <u>Spirit</u> and the <u>bride</u> say, "<u>Come!</u>"
And let the <u>one</u> who <u>hears</u> say, "<u>Come!</u>"
Let the one who is <u>thirsty</u> come; and let
the one who <u>wishes</u> <u>take</u> the <u>free</u> gift of
the <u>water</u> of <u>life</u>.*

SPIRIT	WISHES
BRIDE	TAKE
COME	FREE
ONE	GIFT
HEARS	WATER
THIRSTY	LIFE

ANSWER KEY

Job 19:25-27

```
S D H S E L F R R R
H N E W O N K E M K
E W R S J K M B Z M
A O L A T E Y E S K
R L E M E R Y D S J
T N I D P Y O T M E
D L E V S Y A Y A J
B R G K E N T R E B
T O I M D S T Y P D
O N Z Y M H P N T B
```

Psalm 34:18-19

```
B J L L Y N Y J T W G J L M
R R Y Q V R G K Y E J J S T
E E O L M S M B M D B U T L
S N A K E G L I E L O M L X
C W T C E J T H D E L Q D Y
U J A R H N S S T T P D M Y
E F R M O U H H P C O M E S
S L B J R U G E C I L J R T
Y Z D C M I B K A L R B R D
R L V R R J L L Z R O I W R
M R W D D D N M E D T S T L
R A Y B N Q B R S L E E S
N P N R J L L O R Y X Y D B
T M Q Y R Q L X W T D L G T
```

Psalm 69:33-35a

```
T P D T P R J E J G D K Q D
N N Q V M E Z J S E O G N T
Y M O V E V Q E S I X D X L
E V I T P A O P L Y A N D V
H V R V Q S I K V P D R D V
D E D D V S B R L R O E P J
R D A L E H E A R S H E E Q
O Y N V I Y Z J Y T Y H P N
L D Y L E U Y I R V A K N R
D Y K R N N B A O D N N S T
K Q J Z T Z E E U N M E P Y
M X Y M D W Y J R X A M N N
N P D Y Z J L Y M S M N V R
```

Psalm 91:14-15

```
D E L I V E R M D J T S D
A P D N W N Z E T K E Y M
N C R B L M L N E G X D K
S A N K W B R U D D J L T
W L M K U M C E E W R C L
E L D O Y S L S N R E Z D
R D R X E W U Y T T Y W G
R T T R O A D L O J Y B M
M T Z N C R H R O D T M Z
M J K E O W P O Q V E Z B
G C B L Y T K V N M E Y L
A P Y T X M T G A O K S X
B Y B K Y R J N G X R J T
```

Psalm 107:13-14

Psalm 107:15-16

```
N Z P R L T T J N S W D V Y W
G Q N J Y Y T Y R T M M M L M
J W G K J H N A T N R T X T N
T D K N A R B D T G Q T T R B
B R N N I D E E D S G P M R K
L X K O Q L S W G D W I W R Y
U S T R T K I M R T Y L V D R
F N W I A G M A N K I N D E M
R N N E A V H R F G L N W O D
E N R T G M B G B N D O Y Y R
D B E S T U C R U T U R V X M
N S W P K R O K W O G N O E X
O M Q R Z N M N P B R D D L M
W R L L Z Q D Y K R Z H J V Y
Q P J E M X W L J R T J T D N
```

Psalm 118:5-7a

```
Y A P E O P L E R
E M N L O R D S Q
S P T S E W S B P
M E R E W E H L D
S E R A R E R A L
H F R T Y A R L T
T E S E E E F E T
I L F T T D O D
D P V P V M V B R
```

Isaiah 4:2

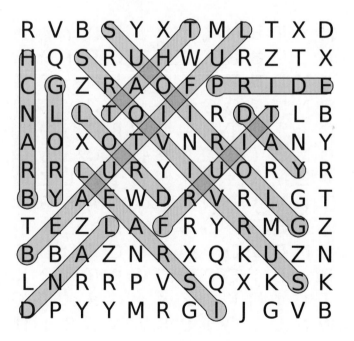

Isaiah 9:2

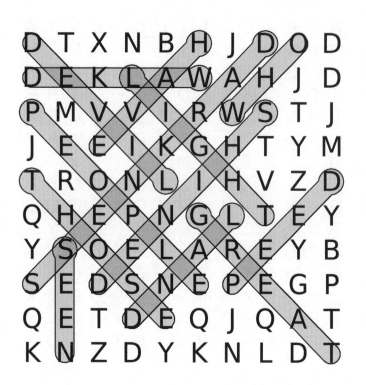

```
D T X N B H J D O D
O D E K L A W A H J D
P M V V I R W S T J
J E E I K G H T Y M
T R O N L I H V Z D
Q H E P N G L T E Y
Y S O E L A R E Y B
S E D S N E P E G P
Q E T D E Q J Q A T
K N Z D Y K N L D T
```

Isaiah 9:6

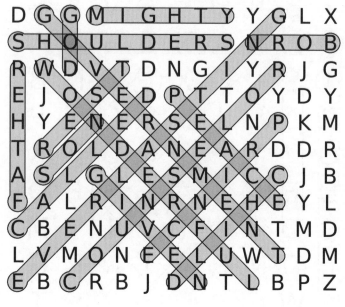

```
D G G M I G H T Y Y G L X
S H O U L D E R S N R O B
R W D V T D N G I Y R J G
E J O S E D P T T O Y D Y
H Y E N E R S E L N P K M
T R O L D A N E A R D D R
A S L G L E S M I C O J B
F A L R I N R N E H E Y L
C B E N U V C F I N T M D
L V M O N E E L U W T D M
E B C R B J D N T L B P Z
```

Isaiah 25:7-8a

```
M Y T B M Y X P L R R Y K P
N O M B R E V E R O F J D T
X M U N M R L O Y L M U Z N
D N M N Q Q T P P T O Y S V
Y A J G T R M L W R D N Q X
O M E T S A C E H J O S W G
R Z Y R X K I S M I W L Z M
T R V J P N K N T A A B G B
S H E E T S W A L D Y L Y J
E M D V D P N L M Q E D L T
D J B J O P O D W R R A R X
T L J M K W Z K J R X T K
W N L T Q J B B B W N B B J H
```

Isaiah 25:8b

```
F E W A W A Y E
A I G O D C N
A R P N M A E Y
C T E E R K S Z
E S H K G O R D D
L A S P A P R D
T I S E Y O L Y
D L T M L A X E
```

Isaiah 42:1, 4

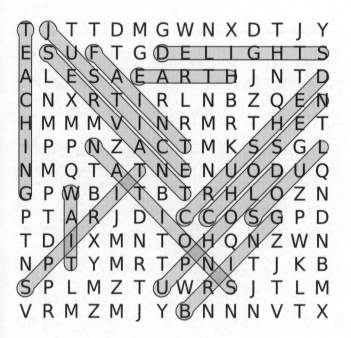

Isaiah 51:5

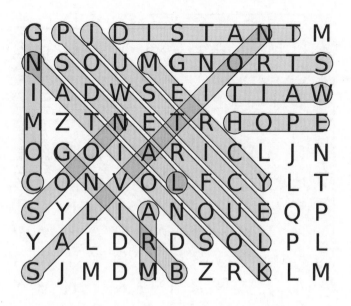

Isaiah 52:2-3

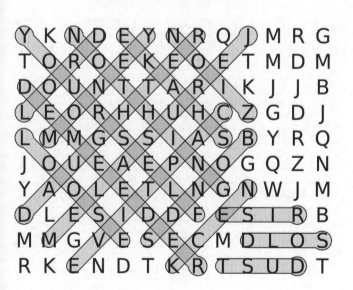

Isaiah 52:10

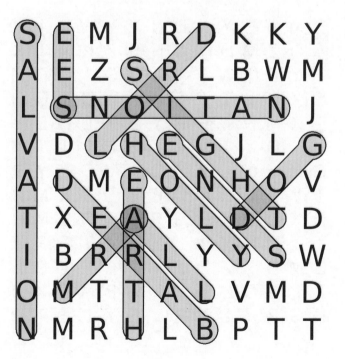

Isaiah 61:1

```
N G I E R E V O S K D D D
P D M D M P C T M Z D E L
S R Z W O V I O Q L T M D
E D I O P R L D M R N E D
V E R S I R E Y A F S T S
I E P P O T O E L A O W L
T R S R N N H C E R E R Z
P F L I D N E L L N R K T
A R O Y E O E R Q A T M V
C N L K Q R O G S X I X R
A W O V R R T G K Y N M Y
N R R L J Y P T R R J T V
B G D Y R Q J J L G Q B Y
```

Jeremiah 23:5

```
T Q T Y L G V W R G E R
S U O E T H G I R X E C
L A E D D Z T V E C O T
Z M M B V Y Y C I M G R
H N R K Y L U T I Q E R
D C Y G E T S N K I N G
A J N S E U G Y G S M P
V D I A J R L N Y R Q G
I W R L R E A A W L J D
D B A O R B D I D B G P
P N L U L Y K D S G M M
O D Q S M K G G T N E Z P
```

Jeremiah 23:6

```
H M W E Y N D N Y Y W R J R
A D Z V D W N N S Z R M I K
D Y E I W J I A D Q J G D M
U X N L T T F L Z W H I C H
J X M N L E R Y L T D D B Y
L T D Y T A P J E E E J T M
G Q Y Y L Z C O A V G Z Y R
T Y X P R M U R A L Z K M B
N X D P X S S S D T O Y M B
T K M M N I L N N A T R R J
Z M D E Z D Z Y P A Y L D B
Z L S D Q N Y P W B M S X N
D S R Y L N R V D Y L E T D
```

Micah 5:4-5a

```
H D Z N L F E V W Z L V Z
T R K L M Z M A N Y V Z X T
G O Y O A K X X T G G J L
N L C N A H L R G A N J L
E K T M S R T D E R E Y Q
R L B Q A H I R T M B R J
O N E T J E S A Y A N G
S E C A E P E P E E Y I M
D B T L Y L N S H P J T L
Z Y T R T D D D T E L Y R
R T M J X T S L G Y R M Y
J X Q L N Q Y Z B R T D B
```

Zechariah 9:9

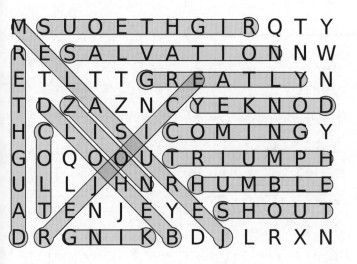

Malachi 4:2

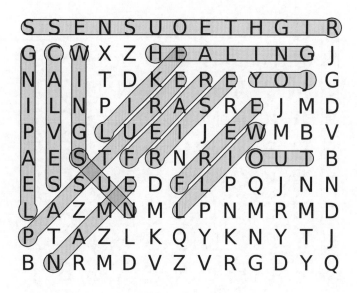

Matthew 10:7-8

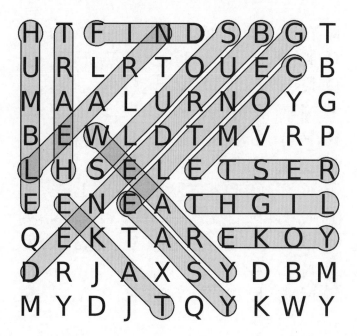

Matthew 11:28-30

Mark 5:27-29

```
G C L O T H E S X D Q
N B N D E D D Y D X T
I I M L A E X W N D O Y
R R R E M P I O U O J
E D B Y E H P C R E B
F H K C E D H O S C L
F F D E B L E I U T X J
U T E A D O S N J S Z
S R L E L N A R G B
R G L E R E L K V N R
L Y Y K F F D Y V K L
```

Mark 5:33-34

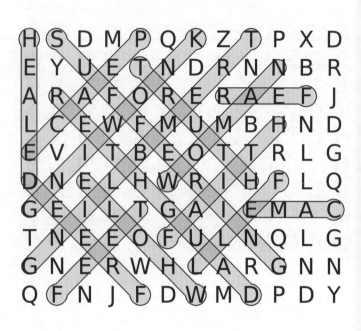

```
H S D M P O K Z T P X D
E Y U E T N D R N N B R
A R A F O R E R A E F J
L C E W F M U M B H N D
E V I T B E O T T R L G
D N E L H W R I H F L Q
G E I L T G A I E M A C
T N E E O F U L N Q L G
G N E R W H L A R G N N
Q F N J F D W M D P D Y
```

Luke 2:11-12

```
M D L R Y G C G N B Y D R
P K D V Y L N L N W O T D
D N X E S A V I O R L R D
Y M M H P N W J Y T T Z
R P J G A P B Y L L H R T
Y L L D L I A B D J N S R
D K T O D D S R V X L E P
I L R F O Y R S W N G N M
V D I T B L R M E N G X D
A N D A B L P Q A M J I K
D M B K P Y Y M Z R Y X S
```

Luke 4:18-19

```
M G Y L J K J L R M P M T L
O D E S S E R P P O N T T K
D W X A J P W L V J Y E P T
E G B R N W K X J M R R W M
T N T M O Z S Q B O L J S
R H T B Q L I T P C P Y R P
F G B L I N D N L I R T R Q
A I N G G R M A T E R I J W
V S Q O O M I V C E S I Z Q
O K O O W M D O M O D K T L
R D P R J N V V N M N Z T P
Y B R G B E Q E K Z T G Q W
B R R O R N R P T B X T K J
D P N Y L S Y L J J Y R T L G
```

Luke 13:11-12

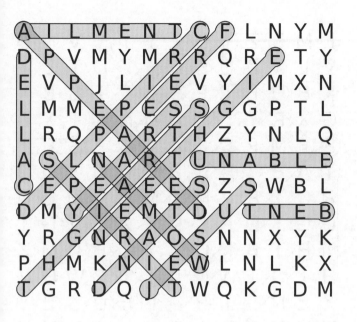

```
A I L M E N T C F L N Y M
D P V M Y M R R Q R E T Y
E V P J L I E V Y I M X N
L M M E P E S S G G P T L
L R Q P A R T H Z Y N L Q
A S L N A R T U N A B L E
C E P E A E E S Z S W B L
D M Y I E M T D U T N E B
Y R G N R A O S N N X Y K
P H M K N I E W L N L K X
T G R D Q I T W Q K G D M
```

John 3:16-17

```
G D M X X R J D Y R T Z B Y
E O H B M E B E L I E V E S D
Y T D S L V G Q B N C D E X
J X E D I W Y R M O B V D L
T M X R D R M Q N D A R T R
R D P N N V E D W S G H K D
R D E M M L A E P T A R L W R
E L V Q V M L P V O J Y L V
R O F R E N Y D E U M X T S K
N B L O O D J G L O V E D R
L Y L V L W H H B N J N N O S
Y P V B M T W Q P D K T Y L
```

John 6:35

```
Y L R T Q B M B R S D X
S I L B J V Z R E A W Q
E F D N Z J J M E N K G
V E R R X E O R T G K G
I T B E S C B L Q L X M
L Y X U V D H T T K Q O
E K S J B E H U G D X X
E R L S N I O N N R Z R
B Y A R R R B H E G W B
G I Z S B G W V W I R G
D G T J W D E V L D X Y
X Y R D B N R L W R V L
```

John 6:51

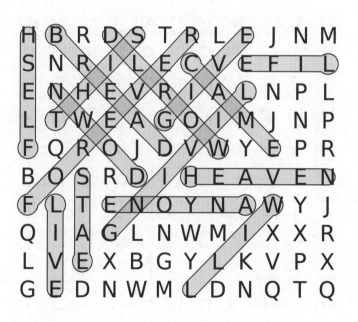

```
H B R D S T R L E J N M
S N R I L E C V E F I L
E N H E V R I A L N P L
L T W E A G O I M N P
F Q R O J D V W Y E P R
B O S R D I H E A V E N
F L T E N O Y N A W Y J
Q I A G L N W M I X X R
L V E X B G Y L K V P X
G E D N W M L D N Q T Q
```

John 8:12

D R T H G I L P E R O M D
E A M B Q G R M D Z B J X
W L R L B E C A U S E R V
O N P K I D Z K K L S P P
R S T O N F X B M U M P D
L D T L E E K E M Z W
D A B Z D P S E X Q C A W
W E M K B L J S F W L N E
L L X M T Y S O L K D V O
G Y Y L T Y L P Y X A D B
Z D Q Q X L T T O H J K B
X J P W O V R R N K V W G
P J R W D G V N J M E R B

John 8:31-32

L M B Z J D K Y Y V N D
V L N Z E E B L D T L Y
K B D E T P S L E T B B K
G X R I L E A U N W T X B
S F M P S E A X S P S E T
T A B Y R C P C K D Y D D
R Q I R P M I M H L M E N
U G J D P L K P X I V G J
T H T B K Q Z Y L E N M Z
H J O T W N L T I E W G M
X L N L J P O L H D S Z Y
M Y N Q D J E W M E Y Y N
Y M D X R B B J M T N D Q

John 8:34-36

E V E R Y O N E M N W
S T N T G T P N N N P
L K J Y R R Q I S S R
A D P K N U A Y T O R
V V R V G M L I B E N
E D G L E L M Y V P E
T J J R A M H E R E N
S Q L E O X R O R D T
S E R C S O R F U Q D
M I T N F U R X Y S J
N T N S N K S M N Q E

John 10:9

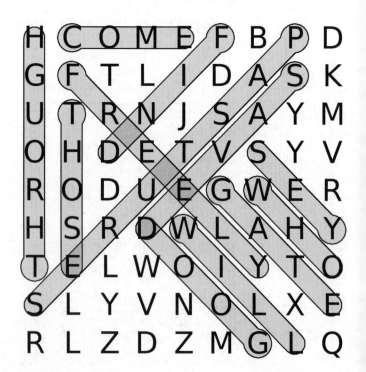

H C O M E F B P D
G F T L I D A S K
U T R N J S A Y M
O H D E T V S Y V
R O D U E G W E R
H S R D W L A H Y
T E L W O I Y T O
S L Y V N O L X E
R L Z D Z M G L Q

John 10:10-11

John 11:25-26

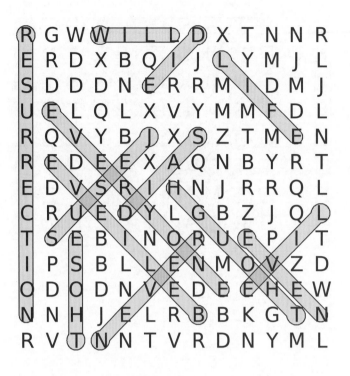

John 14:6-7

John 15:1-3

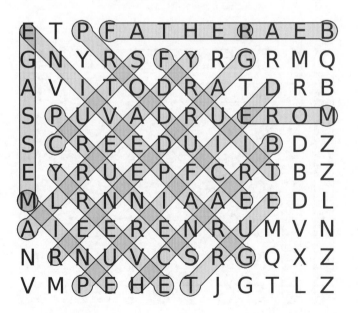

Acts 2:24

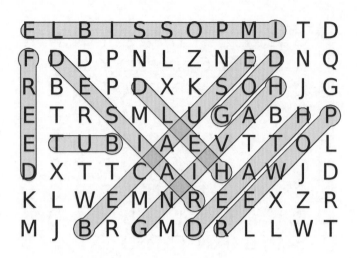

Acts 4:12

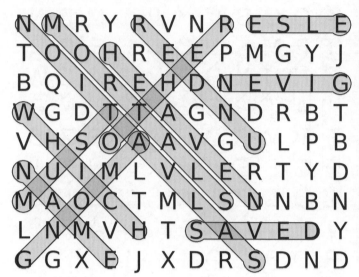

Acts 8:22-23

Acts 10:34-36

Acts 13:38-39

```
J S D R K S K S Z N D S S M
Q U E Y Q I D L S E S U T Y
E Y S T M N T E E E S Y P R
V P M T E S S R N E V N Z P
E T R I I O F E J S W Y P V
R T R O M F V X E W R L A W
F H J C I I V J E J Y R G
Y O M K R G L E C V G M V G L
O N T R O I A E A G M R W N
N M O J L U J I K T D T D Q
Q F L E Y B G R M J I B Y P
R M B W M J Y H B E X O Q X
D L J N R T D Y X V D Q N J
```

Acts 15:10

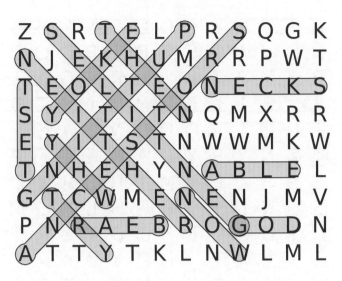

```
Z S R T E L P R S Q G K
N J E K H U M R R P W T
T E O L T E O N E C K S
S Y I T I T N Q M X R R
E Y I T S T N W W M K W
T N H E H Y N A B L E L
G T C W M E N E N J M V
P N R A E B R O G O D N
A T T Y T K L N W L M L
```

Romans 3:22b-24

```
D E I F I T S U J D G
Y S F A L L D Q I R N
L H J D T C X F A O W
E O B E H D F C I E P
E R G R S E E T J G
R T I L R U P N E M G
F S Y E O M S N N Q Y
T R N G E R T V W I J
D C O D M I Y L R R S
E D E N L T K L Q Q N
V R R E D B Q A B W T
```

Romans 3:25a

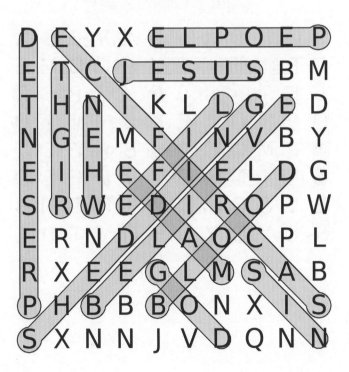

```
D E Y X E L P O E P
E T C J E S U S B M
T H N I K L L G E D
N G E M F I N V B Y
E I H E F I E L D G
S R W E D I R O P W
E R N D L A O C P L
R X E E G L M S A B
P H B B B O N X I S
S X N N J V D Q N N
```

Romans 3:26b

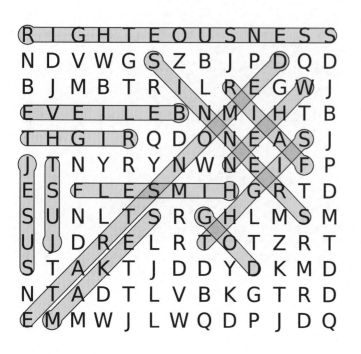

Romans 3:28-30

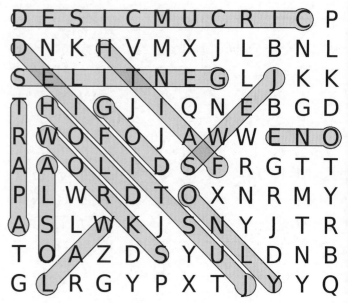

Romans 6:6-7

Romans 6:8-9

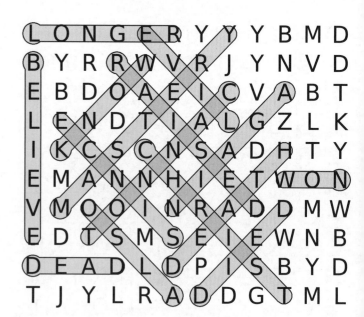

Romans 6:10-12

Romans 6:13-14

Romans 6:18-19a

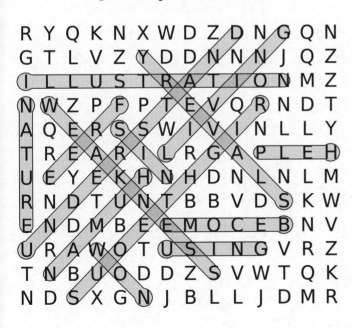

Romans 6:22-23

Romans 7:6

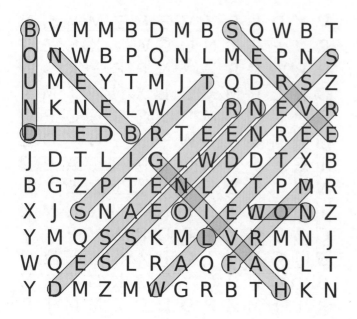

B V M M B D M B S Q W B T
O N W B P Q N L M E P N S
U U M E Y T M J T Q D R S Z
N K N E L W I L R N E V R
D I E D B R T E E N R E E
J D T L I G L W D D T X B
B G Z P T E N L X T P M R
X J S N A E O I E W O N Z
Y M Q S S K M L V R M N J
W Q E S L R A Q F A Q L T
Y D M Z M W G R B T H K N

Romans 8:1-2

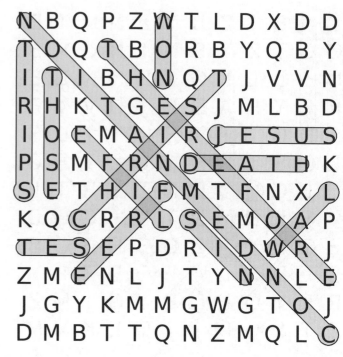

N B Q P Z W T L D X D D
T O Q T B O R B Y Q B Y
I T I B H N Q T J V V N
R H K T G E S J M L B D
O E M A I R J E S U S
P S M F R N D E A T H K
S E T H I F M T F N X L
K Q C R R L S E M O A P
T E S E P D R I D W R J
Z M E N L J T Y N N L E
J G Y K M M G W G T O J
D M B T T Q N Z M Q L C

Romans 8:3-4

P R F L E S H G Y X V L
O L I G L L N G T M P P
W C V G O M Y T R Y N M
E L O O H D E J T D B T
R T R N F T Y T E R Y G
L G F Y D F E N B T L L
E N R U W E E O I Z E Q
S Y L A L K M R U V G J
S Y L Q A L I N I S O N
S I N E Y P Y L E N L T
D W W V S G Z P X D G X

Romans 8:15

B Y M Y Z Z J W Y F N L R D
A D O P T I O N S M E E T X
V B A M K S D T R L H A G W
N L G P R B P D X T A D R T
L V A M L G E I A Q D V V B
S K I Y B V J R R P D E T
T O N M I D T M Z I Q P U S
V Z N E B R O U G H T O Y M
L K C S F A T H E R B R G N
O L E L T H P A E W A C Y K Y
R I K L B I K B M M N X M V
D N V R Q A P X B T N L L Z
V P Y E M B P Y N A B Y V G

Romans 8:20-21

Romans 11:26-27

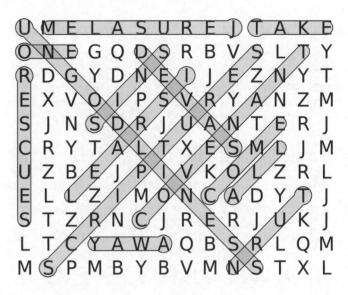

1 Corinthians 1:22-24

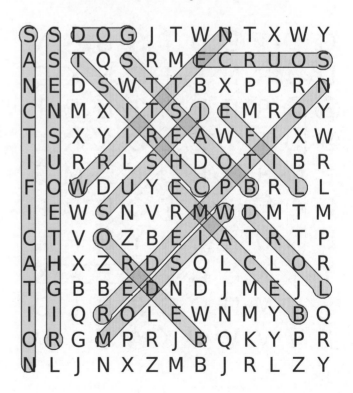

1 Corinthians 1:30-31

1 Corinthians 5:7-8

```
S M L V O D H C T A B N
C A T A Y E N B T N S
E R C F V W K R M I Y
L E B R V I U C N A R
E V X E I T T C I Y L
B O Q S H F E S T W T
R S D H L R I S E S T
A A T O I I I C A F Z
T P W T U R V E E D Y
E P Y E H G Y E L D T
W X M C N P H O L J L
```

1 Corinthians 7:22-23

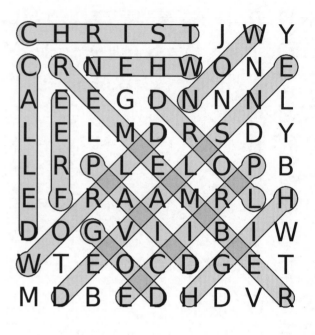

```
C H R I S T J W Y
C R N E H W O N E
A E E G D N N N L
L E L M D R S D Y
L R P L E L O P B
E F R A A M R L H
D O G V I I B I W
W T E O C D G E T
M D B E D H D V R
```

1 Corinthians 8:9

```
G F T B D Y S G G N
D U R N E I O N K Q
B B R E H C I U E T
S L T T E L O K R L
R O R M B D A M M S
B C M M Y T O D E P
D K U E C N Y M P L
Y T X N H A W E A K
S V M N D O R B L D
L V V V W X W E J M
```

1 Corinthians 9:1-3

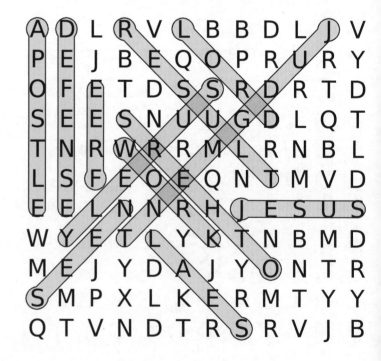

```
A D L R V L B B B D L V
P E J B E Q O P R U R Y
O F E T D S S R D R T D
S E E S N U U G D L Q T
T N R W R R M L R N B L
L S F E O E Q N T M V D
E E L N N R H J E S U S
W Y E T L Y K T N B M D
M E J Y D A J J Y O N T
S M P X L K E R M T Y Y
Q T V N D T R S R V J B
```

1 Corinthians 9:19, 21b

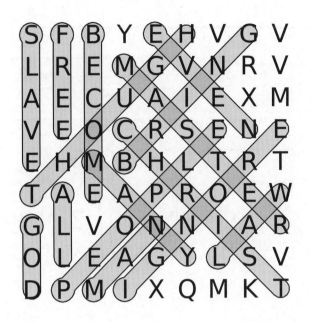

1 Corinthians 10:23-24

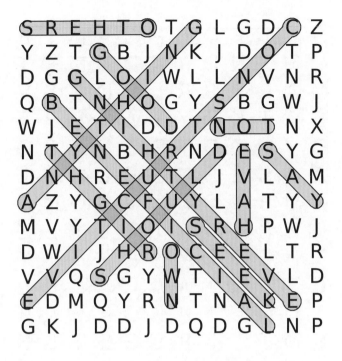

1 Corinthians 12:12-13

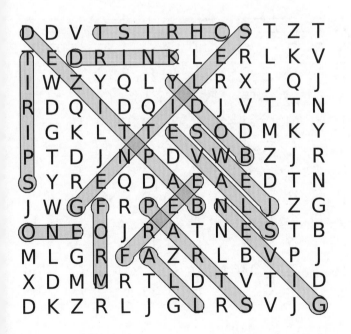

1 Corinthians 15:3-5

1 Corinthians 15:47-49

```
S E L P O E P N A M T R
O M Z N D R A D A M F T
M A R Y P R L V D I Y V
E C T K D Y Y W R L P T
D V M T D T D S N X Q Q
A K S B S N T E L E M L
Y U B I O H V V L Q M G
D Z R C R A T I L Y B Z
T H E D E M H R L B T Y
C S Z H T W A R A I B L
T D M L T R P D N E K R
R M T T L R L G E T L E
```

2 Corinthians 1:20

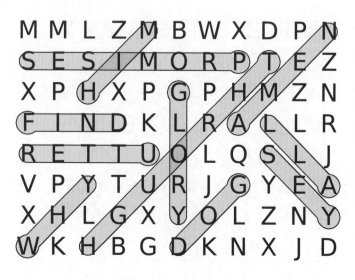

```
M M L Z M B W X D P N
S E S I M O R P T E Z
X P H X P G P H M Z N
F I N D K L R A L L R
R E T T U O L Q S L Y
V P Y T U R J G Y E A
X H L G X Y O L Z N Y
W K H B G D K N X J D
```

2 Corinthians 3:17-18

```
Q T R A N S F O R M E D W T
Z E D S E M O C D T I J B J
F R E E D O M S A N T W Q D
G E R Y L E P L C F A C E S
N H R B G I P R J P R G Z V
I W A R M E R K Y J G Y Y
E W M I E A G V X B B Y R B
B I T T S D R L N J N J M W
L Z N I L R A V O U G M Y D
D O N Q Q O N L P R N G R K
C G M Q D L B M L L Y T L T
```

2 Corinthians 5:17-19a

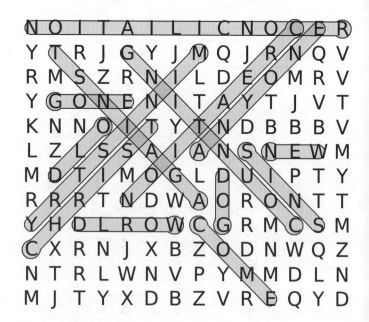

```
N O I T A I L I C N O C E R
Y T R J G Y J M Q J R N Q V
R M S Z R N I L D E O M R V
Y G O N E N I T A Y T J V T
K N N O I T Y T N D B B B Y
L Z L S S A I A N S N E W M
M O T I M O G L D U I P T Y
R R R T N D W A O R O N T T
Y H O L R O W C G R M C S M
C X R N J X B Z O D N W Q Z
N T R L W N V P Y M M D L T
M J T Y X D B Z V R F E Q Y D
```

Galatians 2:20

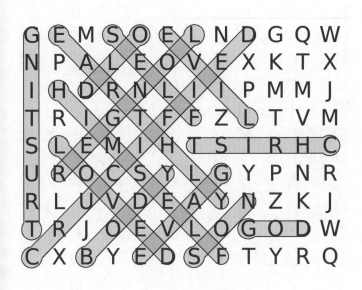

```
G E M S O E L N D G Q W
N P A L E O V E X K T X
I H D R N L I I P M M J
T R I G T F F Z L T V M
S L E M I H T S I R H C
U R O C S Y L G Y P N R
R L U V D E A Y N Z K J
T R J O E V L O G O D W
C X B Y E D S F T Y R Q
```

Galatians 3:13

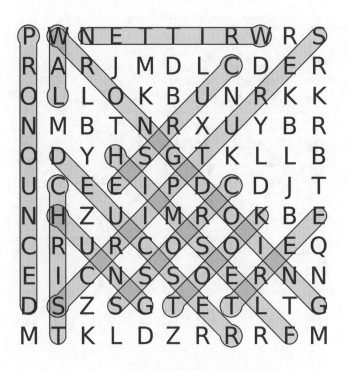

```
P W N E T T I R W R S
R A R J M D L C D E R
O L L O K B U N R K K
N M B T N R X U Y B R
O D Y H S G T K L L B
U C E E I P D C D J T
N H Z U I M R O K B E
C R U R C O S O I E Q
E I C N S S O E R N N
D S Z S G T E T L T G
M T K L D Z R R R F M
```

Galatians 3:22

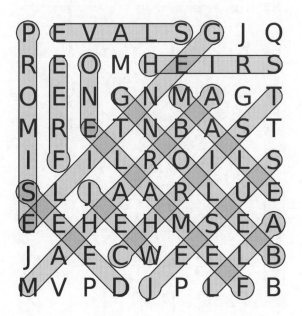

```
Q S W L N N B X D X B B G
B W C D I V M Y T L Y G V
N E R R S B B B W L B K Y P
N T L V I T P A Y P Z R W
X T X I G P Z S R L I D V
R Q D P E O T O U S K B L
C E Z E N V M U O S M D Y
H B C L C I I N R O E L W
R L Y E S L E N D E X J M
I T X E I R A E G R S T R
S G O D S V E R R Y K P M
T Z V N T R E Q E P G J J
M D N M F G T K K X G D W
```

Galatians 3:28-29

```
P E V A L S G J Q
R E O M H E I R S
O E N G N M A G T
M R E T N B A S T
I F I L R O I L S
S L J A A R L U E
E E H E H M S E A
J A E C W E E L B
M V P D J P L F B
```

Galatians 4:4-5

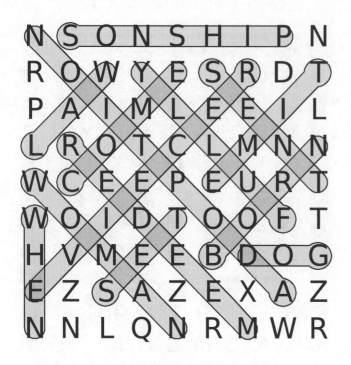

Galatians 4:25-26

Galatians 5:1

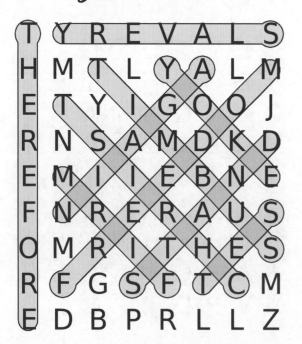

Galatians 5:5-6

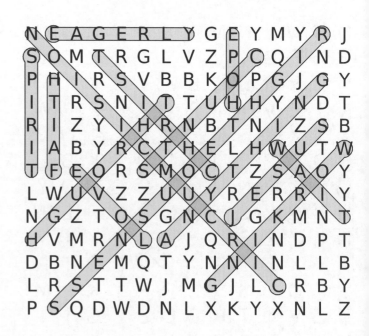

Galatians 5:13

Ephesians 1:6-7

Ephesians 2:8-10

Ephesians 2:19-20

Ephesians 3:10-12

```
C L M R C H R I S T N
E O R A T I N L T R E
T M N I N W E H O S Y
E F A F O I C S O R T
R F R N I A F P U M D
N C K E O D R O O S S
A X H R E U E D L M D
L R P U P D S N L D D
R P P R R I O A C O Y
A Z L M W C E M G E Y
K N T Q N R H D Z K G
```

Ephesians 4:7-8

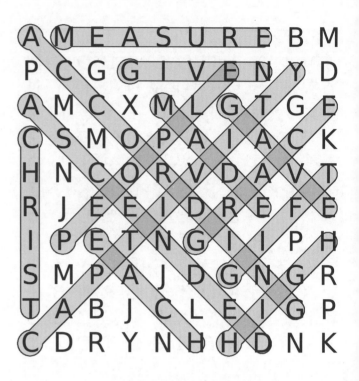

```
A M E A S U R E B M
P C G G I V E N Y D
A M C X M L G T G E
C S M O P A I A C K
H N C O R V D A V T
R J E E I D R E F E
I P E T N G I I P H
S M P A J D G N G R
T A B J C L E I G N
C D R Y N H H D N K
```

Philippians 1:18b-19

```
E E S T S I R H C J Q L
D C U P H E L P S R G L
W L N N I B N Y X Y L X
O E L A I R E J O I C E
N A Q W R T I M B D G T
K D I P S E N T T B Y Z
Y L R U T G V O W X Y T
L A S B J M P I C J K J
Y E W Z R B V B L Y N V
I T N Z N M R J R E G M
Q J X Z M K Q D W T D B
```

Philippians 3:20-21

```
C P O W E R Z B R C B N
Y I T Y N T M N O N E Y
L R T G B X R N E V M R
M Y S I B T T A A T B C
D L W U Z R G E R M H J
R W K X O E H A D R O L
S O D L R I N I I D X D
E L I L T S R S E Q Y B
I X Y V F I T O H S R T
D Z L O A X A W L I U D
O V R P Z S R W N G P S
B M B D Z B G G A T J L
```

Philippians 4:5b-7

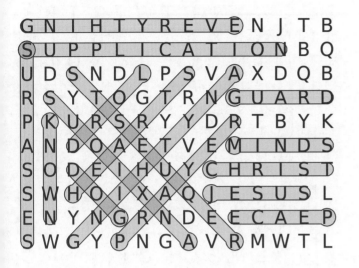

Philippians 4:12-13

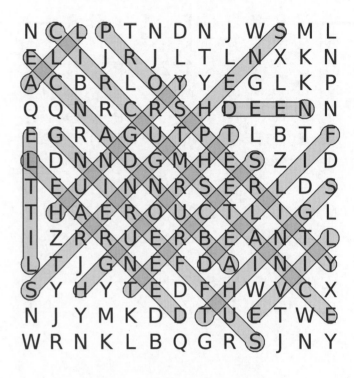

Colossians 1:13-14

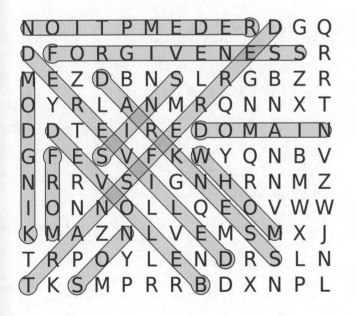

Colossians 1:19-20

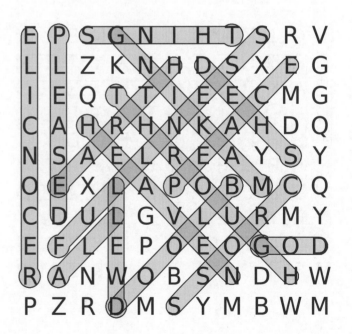

Colossians 1:21-23

```
S Y R B D Q P L D X B R J J
E B Y V L T K E E W M W J N
I D J N M R T Z D P Y N T Z
M N E M Q A M N Z Y S K W R
E J R L N Y G D R P N O T T
N K R E I Z W J Y J Q G G Z
E L I D E C V T B F A I T H
E L J E E T N L H C B Y T V
A P Y A R V E O H G L O M B
D W O T F M I R C O I G D M
L N L H I T I L H E P S O Y
L M N S N S G L M L R Y D D
L L H D T N Z Q K V L J J R
```

Colossians 2:8

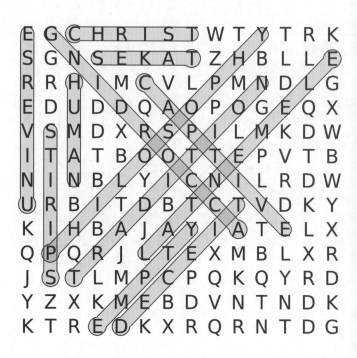

```
E G C H R I S T W T Y T R K
S G N S E K A T Z H B L L E
R R H I M C V L P M N D L G
E D U D D Q A O P O G E Q X
V S M D X R S P I L M K D W
I T A T B O O T T E P V T B
N I N B L Y I C N I L R D W
U R B I T D B T C T V D K Y
K I H B A J A Y I A T E L X
Q P Q R L T E X M B L X R R
J S T L M P C P Q K Q Y R D
Y Z X K M E B M D O H D N K
K T R E D K X R Q R N T D G
```

Colossians 3:1

```
S C J Z D X W T E M B Y K
E R H N T E M R X Y T T M
A K R V T O T H I N G S
I W A I F S E A T E D Q
S H H E S E K H G D K J
E B R E V T G J H P Z Y
D E E O R I M T H A N D
H Y B E R E I K E E P Y
T O A T M N W T N Y X R J
M R D D M N Y D L K Z M P
```

Colossians 3:2-4

```
D R M I N D S Y P
O O E H I D D E N
Y U G V L A S J C
E M R I E G L H Q
A V F G N A R S D
R E O I L I L I O
S H B S O E E D
T E T A D R G D
Z K P T L T T Y R
```

Colossians 3:9-11

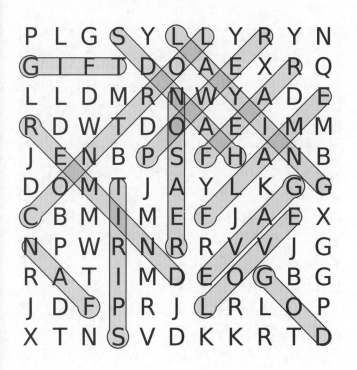

1 Timothy 2:5-6

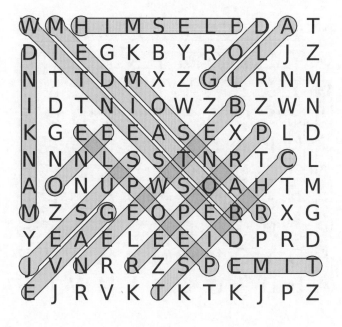

2 Timothy 1:6-7

2 Timothy 1:9

2 Timothy 1:10

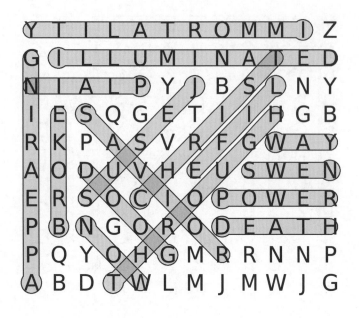

```
Y T I L A T R O M M I Z
G I L L U M I N A T E D
N I A L P Y J B S L N Y
I E S Q G E T I I H G B
R K P A S V R F G W A Y
A O D U V H E U S W E N
E R S O C I O P O W E R
P B N G O R O D E A T H
P Q Y O H G M R R N N P
A B D T W L M J M W J G
```

2 Timothy 2:25-26

```
D Y B G Q Z M Q Z R N J Y G
E C O M B Q N H Q D T T D N
V M Z N T Z R Z E T X D P L
I E V I T P A C Y A T Q Y L
L N Z J T D E J Y L R Q O X
L Y S R X P L L G G T T K M
T M U T A Q V E O Q N S Z
Z T D R R S C S D M D E E V
H X T G E U C H M G S L D G
B L M S B A C L A O J D N
T L N Y P N G T P N L P D N
K E V E J Q N P X E G L R T
S M B Y V R O K H W M E V L
```

2 Timothy 4:18

```
K P Y J J Y R D N W N W M Y X
I R J R K Y E E Y Y R K Z X
N J M E M M L L Y D R J M
G R T D A V K B W I Y T F V
P O J M B E J M M V O X X
O G B N M Q K R N K R E L Z
M L J P Q C X D Y E Q G K D
P N J T A Q Z L V B Q X Z N
T K D T L T N E Y B Y D Z K
Y N T O T E R L G Y R O L G
Q A R M V Y E T L N L I V E
T D S A J F T M L K I Y T R
M E E L A N W P I R G R M J
Y H R S M T K Y W L M T B D
```

Titus 2:11-13

```
W O R L D L Y D T Z D T X K M
D Q N M B J M V B P J G W R D
N D T B L R J T T L G E C K N
S A L V A T I O N N E H S O M
D E R A E P P A I W R S I U J
R M E Y G B N N A I R T S N S
M O V Z N J I I S Q A T D E N
V R I N V A T T Q T H Q L J D
D T L V R M P M S G E V B N K
Y Y B T A J T E I G R C T R N
L H B M P S F R Z D O T A G T
L D O D L I P T X N R D L R B
Y Q Q P N U B Y R P P O L Z G
X J D A E W L B X L R R L Y M
T X M J N M M G Q Y Z Z Y R Z
```

Titus 2:14

```
D D Z C N G J Y D D W Y Y N
E V A G O L J R R M N D N G
R Z W K B M E K B J V J Y Y
B Y K L X N M S L M Q R L Q
B N J P Y P V I N R A L Y B
S I N Z E R T N T A A K E B
L R R O S D E E D T E V E Y
Z N P K I N D V O D E L R R
W L L V T O G T E R F D C M
E Z L D O R N F Y M L R B L
J R N G B M I D N J L T E B
Y V B W Y L O M Z M T W Q E
M Y B Q O R D Q D M W R M Y
```

Hebrews 2:3

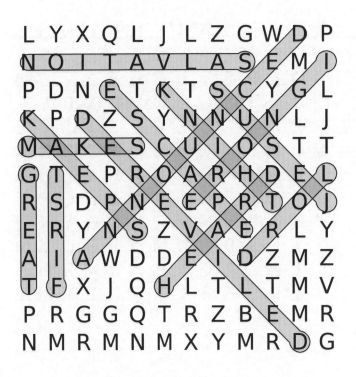

```
L Y X Q L J L Z G W D P
N O I T A V L A S E M I
P D N E T K T S C Y G L
K P D Z S Y N N U N L J
M A K E S C U I O S T T
G T E P R O A R H D E L
R S D P N E E P R T O J
E R Y N S Z V A E R L Y
A I A W D D E I D Z M Z
T F X J Q H L T L T M V
P R G G Q T R Z B E M R
N M R M N M X Y M R D G
```

Hebrews 2:8b-9

```
A S U F F E R E D N S
U A G H L N T E O G V
T N L O L I N I N D R
H G O N Z W T I E E D
O E R O O I H T W Y V
R L Y B S T S O L L M
I S C O J A L H L E N
T E P P T E T A C V P
Y E B X N A S A V Z Y
N L Q E Z R U N V K
T R V D Y G J T S Y Y
```

Hebrews 2:14-15

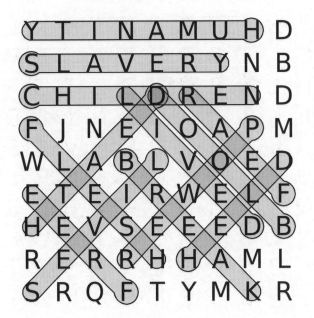

```
Y T I N A M U H D
S L A V E R Y N B
C H I L D R E N D
F J N E I O A P M
W L A B L V O E D
E T E I R W E L F
H E V S E E E D B
R E R R H H A M L
S R Q F T Y M K R
```

Hebrews 4:14-15

```
T B S D N A T S R E D N U T
E D B W E A K N E S S E S Y
S O D E R E T N E H E A V E N
T D Y T S G D D V H S R L L
I W R L R U E L L E I I J Z
N D R E M C S Z O M I G N N
G V A W A R T E Y H V L H Q
S T W F B S I R J G N Q E K
Z B G R E M M F P N Q Y K B
T Y L I R D N M D L B D V M
P Z R W Z G J B X R M R D J
B P K R R B L J J Q L M M Y
```

Hebrews 4:16

```
Q R N L B W Z V T L W P F
T H E R E F O R E M E I N
S S E N D L O B E N N Q L
P H L X Z N K R O D E M D
L P C M K N C R T C B E K
E M R A L Y H Z A I E G P
H D L E O T Z R L N M B B
R Y Q Z C R G B N N T E R
X K T M Z E P M W D D J Y
Y N G K R K I P J M R K L
M B Q L X D L V A L Q N Q
Y Z P V J T Z K E Z L Y M
```

Hebrews 6:19-20a

```
F S C U R T A I N K L
O A T L D P L A C E H
R L N E U N D Z T G R
E K T C A O I N I E B
R B R S H D S H V K S
U P E O E O F E E R L
N S P H R I R A E B S
N E U E A O R T S U L
E B N R F L N P S T J
R N B B B E E F E K Z Y
I V Y M W B J M R R B
```

Hebrews 7:18-19

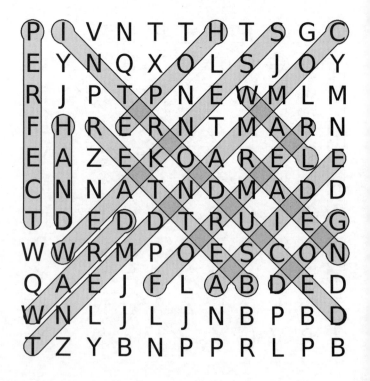

```
P I V N T T H T S G C
E Y N Q X O L S J O Y
R J P T P N E W M L M
F H R E R N T M A R N
E A Z E K O A R E L E
C N N A T N D M A D D
T D E D D T R U I E G
W W R M P O E S C O N
Q A E J F L A B D E D
W N L J L J N B P B D
T Z Y B N P P R L P B
```

Hebrews 9:13-14

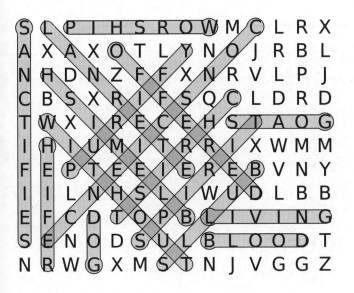

Hebrews 9:15

Hebrews 10:1

Hebrews 12:1-2a

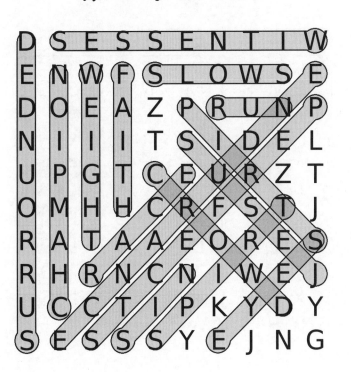

Hebrews 13:5

```
P L X R L I V E S M R
C E N E V E R W Q N D
O L E E K A S R O F V
N V E K F M Y E L T Y
T T L A O R V T Y G M
E Y A N V A E D R Z W
N D E H H E O E V O L
T Y Z L W G V L N D K
```

Hebrews 13:8-9

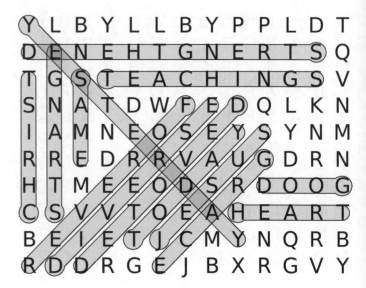

```
Y L B Y L L B Y P P L D T
D E N E H T G N E R T S Q
T G S T E A C H I N G S V
N A T D W F E D Q L K N
S I R A M N E O S E Y S Y N M
R H R E D R R V A U G D R N
H T M E E O D S R D O O G
C S V V T O E A H E A R T
B E I E T I C M Y N Q R B
R D D R G E J B X R G V Y
```

Hebrews 13:11-12

```
S U S E J R T T J M B M L
Y Q P R G S U F F E R E D
L E W R J N Y N B Q G G L
O W C Y I T I L D A A L R
H Q A A I E O R N T K L Q
P T R C L O S I E T S E N
T P R Z D P M T S F L I N
K K I J Y A N O D P F N N
H L E N L D M T O D L O X
B I S S J T R E Z Y Z D N
R X G Y J R P R Y Y L G L
B R R H Z W T J N T K T T
```

Hebrews 13:14-15

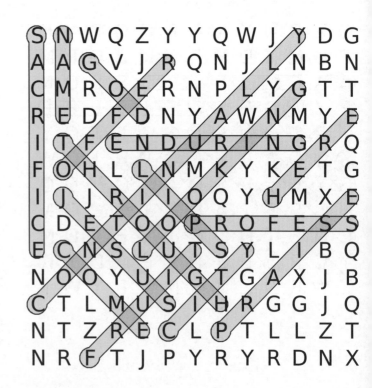

```
S N W Q Z Y Y Q W J Y D G
A A G V J R Q N J L N B
M R O E R N P L Y G T T
R E D F D N Y A W N M Y E
I T F E N D U R I N G R Q
F O H L L N M K Y K E T G
I J J R I I O Q Y H M X E
C D E T O O P R O F E S S
E C N S L U T S Y L I B Q
N O O Y U I G T G A X J B
C T L M U S I H R G G J Q
N T Z R E C L P T L L Z T
N R F T J P Y R Y R D N X
```

Hebrews 13:20-21

James 1:25

James 2:12-13

1 Peter 1:18-19

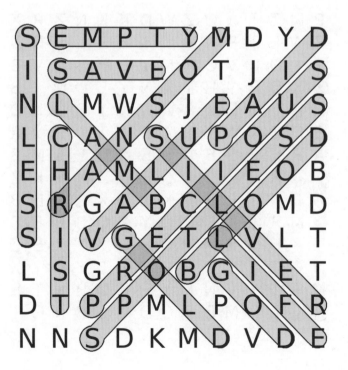

1 Peter 1:23

```
Q B W M K N X N V N L T
U Y G T R V Q J K A Y M
I L I V I N G Z N Z T R
C L W R P D R R Z W E D
K T I O M Z E M D V W D
L M T F R T G S E N O M
Y P L N E D E R B G K K
A G A I N M O T R O D D
K R S Z O F J Y M N R W
Z Z T C Q N Y V E L E N
M M X Z R M B Z Z N R Y
```

1 Peter 2:16-17a

```
L H V N L J X G X X N Q
I E O E V I L O R P M D
V Q L N N L D D L P Z C
E T M P O K Y K J M O S
V E J O O R P R Q V T W
L Z V V D E K R E N L U
D D Z E G E P R A M S R
K B Z B R T E V M I B M
V N J M Y Y R R N W W T
M J P T Q E O G F B M D
D Q Y Y S T T N M W V N
X J M R J Z Z Y E B N W
```

1 Peter 2:24-25

```
P M Z T X Q Z W D K K N Z R X
R W L J R N D E J Z R L S D N
T J D R V Q N M Y L B S M V B
S X D R Y R Y A N Y E O M Y B
H H L N U L R W N N J B D K D
E D E T W T N A S W T L P Y R
A R E P S B I U S O U L S M B
L R R A H D O S I N S F E K Z
E P X T R E W K X V X R R D B
D M R A T S R O Y X O B B E S
T X U H E M H D U B Y Y X S R
N G G V G Q R E Y N L Y O J X
M I I Y V N K Y E K D R N T R
R L L R M B P Q D P C S R Q J
```

1 Peter 5:10

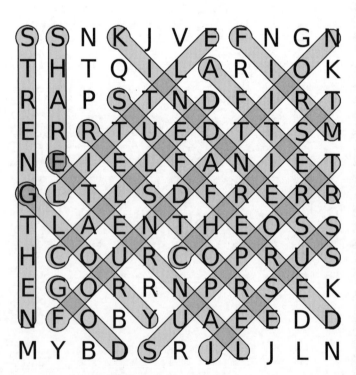

```
S S N K J V E F N G N
T H T Q I L A R I O K
R A P S T N D F I R T
E R R R T U E D T T S M
N E I E L F A N I E T
G L T L S D F R E R R
T L A E N T H E O S S
H E C O U R C O P R U S
E G O R R N P R S E K
N F O B Y U A E E D D
M Y B D S R J L J L N
```

2 Peter 1:2-3

2 Peter 1:4

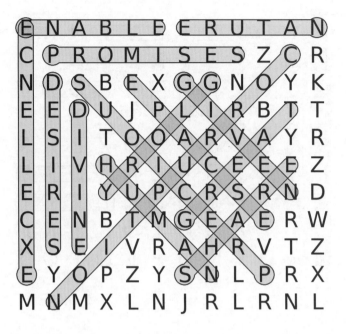

2 Peter 1:10-11

2 Peter 2:20

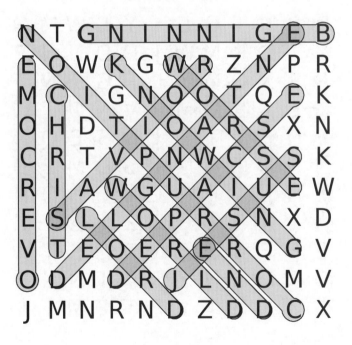

1 John 1:1b-2

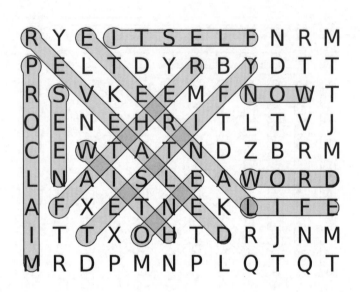

```
R Y E I T S E L F N R M
P E L T D Y R B Y D T T
R S V K E E M F N O W T
O E N E H R I T L T V J
C E W T A T N D Z B R M
L N A I S L E A W O R D
A F X E T N E K L I F E
I T T X O H T D R J N M
M R D P M N P L Q T Q T
```

1 John 2:1

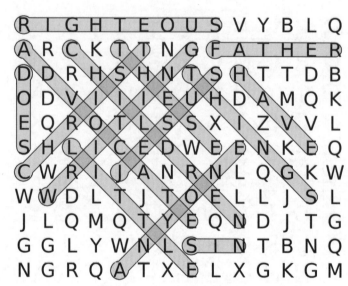

```
R I G H T E O U S V Y B L Q
A R C K T T N G F A T H E R
D D R H S H N T S H T T D B
O D V I I I E U H D A M Q K
E Q R O T L S S X I Z V L L
S H L I C E D W E E N K E Q
C W R I J A N R N L Q G K W
W W D L T J T O E L L J S L
J L Q M Q T Y E Q N D J T G
G G L Y W N L S I N T B N Q
N G R Q A T X E L X G K G M
```

1 John 2:24-25

```
R B P T G L Y Y L W M G
Y T D R M W J D D N N P
P R X Q O Y L P G I N T
H E A R D M R V N O T W
V N E T T E I N S E Q N
N N A T H M I S D M E E
L H L T E G L I E H D R
W I A E E R B Z T A T K
L F F B T A N D M R T W
G R M E N Y R A T N X R
L Z K G J Y P T L M J L
```

1 John 3:2-3

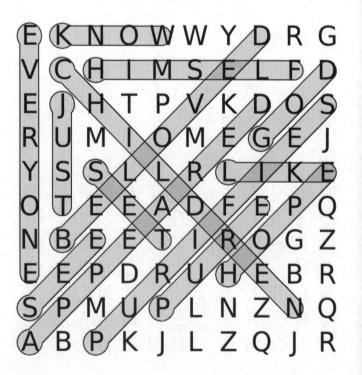

```
E K N O W W Y D R G
V C H I M S E L F D
E J H T P V K D O S
R U M I O M E G E J
Y S L L R L I K E
O T E E A D F E P Q
N B E E T I R O G Z
E E P D R U H E B R
S P M U P L N Z N Q
A B P K J L Z Q J R
```

1 John 4:9-10

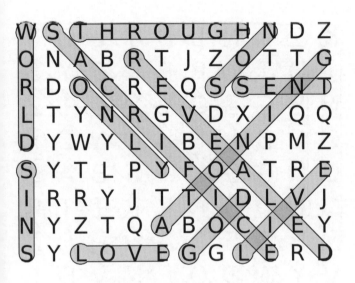

1 John 4:13-16a

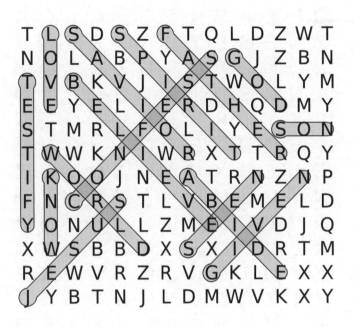

1 John 5:4-5

1 John 5:13-14

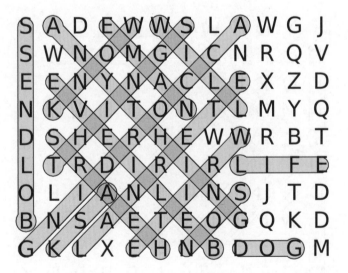

1 John 5:19-20

Revelation 1:5b-6

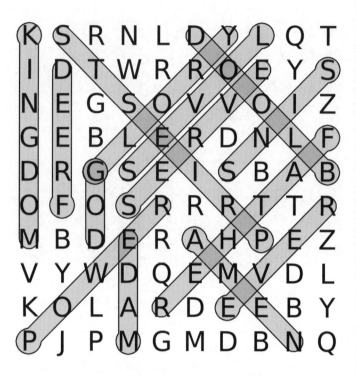

Revelation 1:18b-19

Revelation 3:11-12

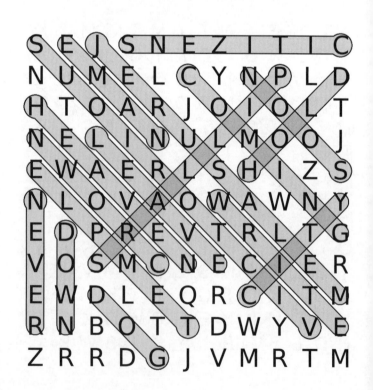

Revelation 17:14

Revelation 21:5a, 6

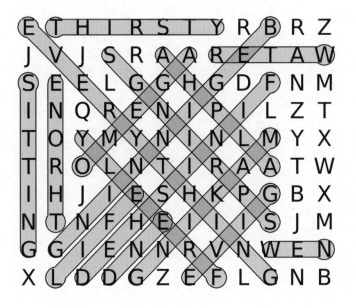

Revelation 22:17

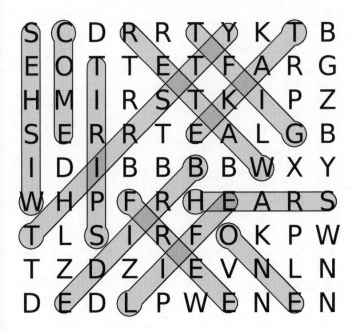

ALSO AVAILABLE

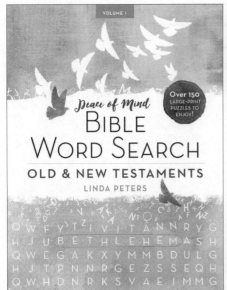

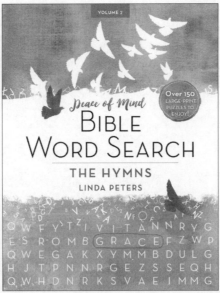

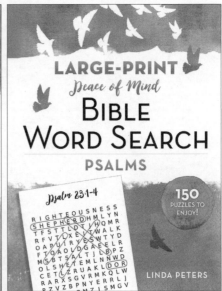

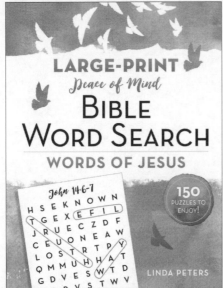

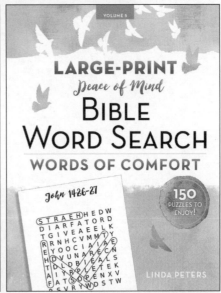

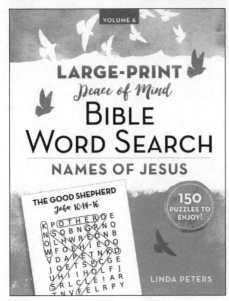

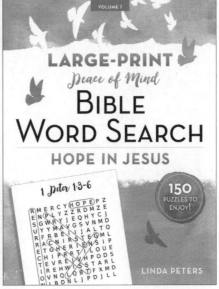